Die Meditationen der Essener

Dr. E. Bordeaux Székely

Die Meditationen der Essener

Das Praxisbuch für jeden Tag

NEUE ERDE

Bücher haben feste Preise.
1. Auflage 2014

Edmond Bordeaux Szekely
Meditationen der Essener

Die Kommunionen und Betrachtungen der Essener zu den sieben Tagen der Woche. Alle Texte nach den Büchern der Essener-Lehren von Dr. Edmond Bordeaux Székely;
Neue Erde GmbH, Saarbrücken:
Buch 2 Die unbekannten Schriften der Essener
Buch 3 Die verlorenen Schriftrollen der Essener
Buch 4 Das geheime Evangelium der Essener
Buch 5 Die Lehren der Essener – Essener Meditationen
zusammengestellt von Claudia Maria Schoedel – März 2014

Aus dem amerikanischen Englisch von Bruno Martin.

Titelseite:
Foto: lightpix/istockphoto.com
Gestaltung: Dragon Design, GB

Satz und Gestaltung:
Dragon Design, GB
Gesetzt aus der Trump Medieval

Gesamtherstellung: Appel & Klinger, Schneckenlohe

Printed in Germany

ISBN 978-3-89060-644-6

Neue Erde GmbH
Cecilienstr. 29 · 66111 Saarbrücken · Deutschland · Planet Erde
www.neue-erde.de

Und Er gab dem Menschen zwei Geister zur Seite,
den Geist der Wahrheit und den Geist der
Unwahrheit;
Wahrheit geboren aus der Quelle des Lichts,
und Unwahrheit aus dem Brunnen der Dunkelheit.
Die Führung aller Kinder der Wahrheit liegt in den
Händen des Engels des Lichts, damit sie auf den
Wegen des Lichts wandeln.
Der Geist der Wahrheit und der Geist der
Unwahrheit ringen miteinander im Herzen des
Menschen; mit Weisheit und Dummheit.
Und wenn ein Mensch Wahrheit erwirbt, so wird
er die Dunkelheit meiden.
Segen all jenen, die ihr Los mit dem Gesetz teilen,
die wahrhaftig auf all ihren Wegen gehen.
Das Gesetz segne sie mit allem Guten und schütze
sie vor allem Übel und erleuchte ihre Herzen
mit dem Einblick in die Dinge des Lebens und
begnade sie mit dem Wissen von den Ewigen
Dingen.

Aus dem Übungshandbuch der
Schriftrollen vom Toten Meer

Das tägliche Leben der Essener war geprägt von Rhythmus und Ordnung.

Der Morgen begann mit der Kommunion mit den irdischen Kräften, den Engeln der Mutter Erde.

Die Mittagsbetrachtungen bezogen sich auf den Frieden.

Die Abendkommunion war den kosmischen Kräften gewidmet, die Verbindung mit den Engeln des Himmlischen Vaters.

Die insgesamt vierzehn Kommunionen während der sieben Wochentage und die täglichen Friedensbetrachtungen sind für den Mensch der heutigen Zeit eine Möglichkeit, zu sich selbst und zurück zu seinem göttlichen Ursprung zu finden.

Claudia Maria Schoedel

Einführung

von Dr. phil. Werner Hartung

Abseits offizieller Linien früher Religionsgemeinschaften, brachte die Gemeinschaft der Essener ein umfassendes Schöpfungswissen zur Anwendung. Ihre Fertigkeiten wurzelten im »magischen Zeitalter«, das von den legendären Hochkulturen Lemuriens und Atlantis – bis vor gut 10.000 Jahren – in das frühe Ägypten reichte. Spuren dieses Wissens und Könnens begegnen wir ebenso im tibetisch beeinflussten Kulturkreis, in den Kahuna-Lehren Hawaiis, in Teilen des europäischen Druidentums und schamanischen Praktiken.

Die Essener verbanden sich zum Erhalt ihrer seelisch-körperlichen Gesundheit, zur Heiltätigkeit wie auch zur energetisch betriebenen Landwirtschaft mit den Schöpfungskräften; Methoden, die wir aus dem asiatischen Kulturkreis über Formen des Yoga tradiert wissen und die heute durch Fortschritte geistigen Heilens und angewandter Geomantie wieder erschlossen werden.

Kern der essenischen Kosmologie war die Überzeugung, dass alles seinen Anfang und sein Ende in Gott habe, dem Einen, dem »Himmelsvater«. Sein Gesetz allein, das der Liebe, prägt die Schöpfungszyklen. Menschliches Handeln bemisst sich daran, ob wir als mitschöpfende, mitverantwortende Wesen im Einklang mit diesem Gesetz leben oder davon abweichen. Die Kräfte, die uns formen und verfügbar sind, entstammen gleichermaßen dem »himmlischen Vater« wie der »Erdenmutter«. In unserer

Mitte, dem Herzzentrum (Herzchakra), sind und bleiben wir, wenn wir uns im Rhythmus der Tage und der Woche wiederkehrend bewusst den Gestaltkräften öffnen, eins werden mit ihnen. Aufrecht steht dann der Mensch, in der Erde wurzelnd, die Krone zum Himmel öffnend – mit diesem Vergleich wiesen die Essener die Kräftefelder dem Bild des Baumes zu, ihrem »Lebensbaum«.

Was Edmond Bordeaux Székely die »Psychologie der Essener« nannte, ist ein Verfahren der Selbstheilung und Zentrierung ohne Therapeuten, die »Kommunion«, das Eins-Werden mit den irdischen und himmlischen Grundkräften der Schöpfung, ein Schritt der Selbstvergewisserung des Menschen als mitschöpfendes Wesen.

Gleich welche Problematik uns entgegentreten mag, ob zu wenig Erdung oder fehlende Spiritualität: »Rückverbindung« muss immer beide Energiepole des Menschen zugleich einbeziehen. Anders ist kein Gleichgewicht. Aus dieser Erkenntnis schufen die Essener ihr Meditationssystem. Am Morgen und am Abend eines jeden Tages richten wir nach ihrer Lehre unsere Aufmerksamkeit auf eine dieser Kräfte, erspüren unseren Gleichklang mit ihnen, lassen uns von ihnen durchdringen: ein Kreislauf systematischer Identitätsstiftung.

Die prägenden Kräfte, die Gegenstand ihrer mystischen Betrachtung waren, bezeichneten die Essener als »Engel«. Diese Gleichsetzung mit himmlischen Wesenheiten – etwa den zwölf Grundkräften der Erzengel – entsprang dem Erleben, dass jede Kraft als Wesenheit erfahrbar ist – als

Intelligenz, mit der wir Menschen kommunizieren können.

Im Mittelpunkt der hier zusammengestellten Texte stehen die mantrisch wirkenden Einheits-Affirmationen, die an das »tat twam asi« (sanskrit: »Du bist das«) des Yoga erinnern. Wir sind eins mit allen Manifestationen der Schöpfung. Menschliches Leben besteht in der Einheit des Dreischritts Gedanke – Wort – Tat. Darin eben gleichen wir dem Schöpfer: Gedanken und Worte allein bewegen nicht. Wir müssen zur Tat schreiten. Dabei stützen uns die Schöpfungskräfte.

Liebe ist nur, wo Frieden herrscht. Dies zu vergegenwärtigen, schufen die Essener die Mittagsaffirmationen, den »siebenfältigen Frieden«, der als drittes Meditationselement das System der täglichen »Kommunionen« vollendet. Frieden ist Ausdruck des Seins in Liebe im sozialkulturellen und kosmischen Netz, das uns umgibt, des Bewusstseins, dass alles über kollektive Gedankenfelder miteinander verbunden ist, wirkt und gestaltbar ist.

Sonntag

Einleitung
Ich betrete den ewigen und unendlichen Garten des Wunders, mein Geist in Einheit mit dem Himmlischen Vater, mein Körper in Einheit mit der Erdenmutter, mein Herz in Harmonie mit meinen Brüdern, den Söhnen der Menschen, schenke ich meinen Geist, meinen Körper und mein Herz der heiligen, reinen und erlösenden Lehre, jener Lehre, die von alters her Enoch bekannt war.

Morgenkommunion – Engel der Sonne

Die erste Kommunion haltet mit dem Engel der Sonne.
Sie kommt jeden Morgen
wie eine Braut aus der Kammer,
um ihr goldenes Licht auf die Welt zu gießen.

O du unsterblicher, leuchtender schnellfüßiger Engel
der Sonne!
Es gibt keine Wärme ohne dich,
kein Feuer ohne dich,
kein Leben ohne dich.
Die grünen Blätter der Bäume beten dich an,
und durch dich werden die winzigen Weizenkörner zu
einem Meer goldener Gräser,
die sich im Winde wiegen.

Durch dich wird die Blume
in meiner Körpermitte geöffnet.
Darum will ich mich niemals
vor dir verbergen.
Engel der Sonne,
Heiliger Bote der Erdenmutter,
betrete meinen heiligen Tempel
und gib mir das Feuer des Lebens!

Auf! Gehe auf über den Bergen,
und ziehe deine Kreise!
Du unsterblicher, leuchtender
schnellfüßiger Engel der Sonne!
Bringe hervor das Licht für die Welt.

Engel der Sonne, du bist die Quelle des Lichts:
Du durchdringst die Dunkelheit.
Öffne du das Tor des Horizonts!
Der Engel der Sonne wohnt weit über der Erde,
und doch erfüllen seine Strahlen
unsere Tage mit Leben und Wärme.
Der Triumphwagen des Morgens
bringt das Licht der aufgehenden Sonne
und stimmt die Herzen der Menschen froh.
Der Engel beleuchtet unseren Weg
mit prächtigen Strahlen.
Engel der Sonne!
Wirf deine Strahlen auf mich!
Lass sie mich berühren, lass sie mich durchdringen!

Ich gebe mich dir und deiner Umarmung hin,
gesegnet mit dem Feuer des Lebens!
Eine geschmolzene Flut heiliger Freude
fließt von dir zu mir!
Ich gehe dir entgegen, du Engel der Sonne!
So wie kein Mensch mit offenen Augen
in die Sonne schauen kann,
kann auch kein Mensch in Gottes Angesicht sehen,
sonst wird er von Feuer verbrannt,
das den Lebensbaum bewacht.
Studiere darum das Heilige Gesetz:
Denn das Gesicht der Sonne und das Gesicht Gottes
kann nur von einem Menschen gesehen werden,
der die Offenbarung des Gesetzes in sich trägt.
Denkst du, der Tod sei ein Ende?
Deine Gedanken sind so töricht wie die des Kindes,
das den dunklen Himmel und den fallenden Regen sieht,
und aufschreit, wenn es die Sonne nicht mehr erblickt.
Willst du im Gesetz stark werden?
Dann sei wie die Sonne am Mittag,
die mit Licht auf alle Menschen scheint
und ihren goldenen Glanz
freimütig und unbegrenzt hergibt.
Dann wird die Quelle des Lichts
zu dir zurückfließen,
da die Sonne nie ohne Licht ist,
denn sie fließt freigebig und ohne Beschränkung.
Und wenn die Sonne aufgeht,
dann wird die vom Schöpfer geschaffene Erde rein.

Die fließenden Gewässer werden rein,
die Wasser der Brunnen werden rein,
das Wasser der Meere wird rein,
die stehenden Gewässer werden rein,
alle heiligen Geschöpfe werden rein;
durch ihren Glanz und ihre Pracht
wird der Mensch geboren,
der den heiligen Worten des Gesetzes lauscht,
und den die Weisheit liebt.
Durch ihren Glanz und ihre Pracht
geht die Sonne ihren Weg.
Durch ihren Glanz und ihre Pracht
geht der Mond auf seiner Bahn,
durch ihren Glanz und ihre Pracht
gehen die Sterne ihren Weg.
Der unsterblichen, leuchtenden, schnellfüßigen Sonne
widmen wir Opfer und Gebet.
Wenn das Licht der Sonne strahlender wird,
wenn das Leuchten der Sonne wärmer wird,
dann erheben sich die himmlischen Kräfte.
Sie ergießen ihre Herrlichkeit auf die Erde,
die erschaffen wurde vom Himmlischen Vater
für das Wachstum der Kinder des Lichts,
für die Zunahme der unsterblichen,
leuchtenden, schnellfüßigen Sonne.
Denn wer der unsterblichen,
leuchtenden, schnellfüßigen Sonne
ein Opfer darbringt,
um der Dunkelheit zu widerstehen,

um dem Tod zu widerstehen,
der im Unsichtbaren umherzieht,
der bringt dieses Opfer dem Himmlischen Vater,
den Engeln und seiner eigenen Seele.
Wer der unsterblichen,
leuchtenden, schnellfüßigen Sonne
ein Opfer darbringt,
der erfreut die Kräfte des Himmels und der Erde.
Ich werde mich dieser Freundschaft hingeben,
der besten aller Freundschaften,
die zwischen dem Engel der Sonne
und den Söhnen der Erdenmutter besteht.
Ich preise die Herrlichkeit und das Licht,
die Stärke und Lebenskraft
des unsterblichen,
leuchtenden, schnellfüßigen Engels der Sonne!

»Engel der Sonne, tritt in meinen Körper ein und lass mich im Feuer des Lebens baden.«

Und ihr werdet die Strahlen der aufgehenden Sonne in das Zentrum eures Körpers einfließen spüren, dort in das Zentrum, wo sich die Engel des Tages des Tages und der Nacht treffen, und die Kraft der Sonne wird euch gehören, um in jeden Teil eures Körpers einzudringen, denn die Engel verweilen dort.

Die Essener meditierten über die Sonne als eine große Lebenskraft in der irdischen Natur, eine immer gegenwärtige Energiequelle, ohne die es kein Leben auf der Erde, im Wasser und in der Luft gäbe. Sie meditierten über die Wirkung der Sonnenstrahlen, die ja nicht auf der Oberfläche des Körpers enden, sondern in den Organismus eindringen an dem Punkt, wo das Sonnengeflecht liegt, indem sie den Körper und das Nervensystem in den Strahlen der Sonne badeten. Und dieser Punkt ist auch das älteste Zentrum im menschlichen Organismus.

Die Absicht dieser Kommunion lag darin, die Sonnenenergien aufnehmen zu können, und so eine vollkommene Einheit zwischen dem Selbst und der Sonne herzustellen und ihre Kraft auf den ganzen Körper zu verteilen.

Durch die Anwendung dieser Methode der Essener, wurden häufig gewisse außergewöhnliche Fälle geheilt in einer Weise, wie sie den frühen Geschichtsschreibern übernatürlich erschien.

»Engel der Sonne, ströme in mein Sonnenzentrum und gib das Feuer des Lebens meinem ganzen Körper.«

Sobald diese Worte gesprochen sind, besinne ich mich auf die aufgehende Sonne und fühle und leite die angesammelten Sonnenkräfte, die in mein Sonnenzentrum im Sonnengeflecht (Solar Plexus) strahlen, an alle Stellen meines Körpers.

Mittagsbetrachtung – Friede mit dem Körper

Gesegnet ist das Kind des Lichts
mit einem kräftigen Körper,
denn es soll mit der Erde eins sein.
Ihr sollt täglich ein Fest feiern
mit allen Gaben des Engels der Erde:
dem goldenen Weizen und Korn,
den purpurnen Trauben des Herbstes,
den reifen Früchten der Bäume,
dem Bernsteinhonig der Bienen.

Ihr sollt die reine Luft
der Wälder und Felder aufsuchen,
und in ihrer Mitte
sollt ihr den Engel der Luft finden.
Lege deine Schuhe und Kleider ab
und lass den Engel der Luft deinen Körper umarmen.
Dann sollst du lange und tief atmen,
damit der Engel der Luft in dich eindringen kann.

Tauche ein in den kühl dahinfließenden Fluss
und lass den Engel des Wassers
deinen Körper umarmen.
Wirf dich ganz in seine umfangenden Arme
und so oft dein Atem die Luft bewegt,
lass deinen Körper auch das Wasser bewegen.

Du sollst den Engel der Sonne aufsuchen
und dich seiner Umarmung hingeben,
die mit den heiligen Flammen dich reinigt.
Dies alles entspricht dem Gesetz
der Erdenmutter,
die dir Leben gab.
Wer in Frieden mit seinem Körper lebt,
hat einen heiligen Tempel gebaut, in dem für immer der
  Geist Gottes wohnt.
Erkenne diesen Frieden mit deinem Geist;
ersehne diesen Frieden mit deinem Herzen;
erfülle diesen Frieden mit deinem Körper.

Zuerst soll der Sohn des Menschen den Frieden mit seinem eigenen Körper suchen; denn sein Körper ist wie ein Bergsee, der die Sonne reflektiert, wenn er ruhig und klar ist; aber wenn er voller Schlamm und Steine ist, reflektiert er nichts. Zuerst muss Satan aus dem Körper verbannt werden, auf dass die Engel Gottes wieder eintreten und darin wohnen können. Wahrlich, kein Friede kann im Körper herrschen, wenn er nicht ein Tempel des heiligen Gesetzes ist. Darum sagt dem, der an Schmerzen und bitteren Qualen leidet und um eure Hilfe bittet, er solle sich selbst durch Fasten und Gebete erneuern. Sagt ihm, er solle den Engel der Sonne, den Engel des Wassers und den Engel der Luft anrufen, auf dass sie in seinen Körper eintreten und die Macht Satans verbannen. Sagt ihm, er solle von der Tafel der Erdenmutter mit all ihren Geschenken essen: von den Früchten der Bäume, den

Gräsern der Felder, der guten Milch der Tiere, dem Honig der Bienen. Er soll nicht die Macht des Satans durch Verzehr von Tierfleisch herbeirufen, denn wer tötet, tötet seinen Bruder, und wer das Fleisch der getöteten Tiere isst, isst vom Körper des Todes. Sagt ihm, er solle sein Essen mit dem Feuer des Lebens und nicht mit dem Feuer des Todes bereiten, denn die lebendigen Engel des lebendigen Gottes dienen nur den lebendigen Menschen.

Und mag er sie auch nicht sehen und nicht hören und nicht berühren, so ist er doch in jedem Augenblick von der Macht der Engel Gottes umgeben. Während die Augen und die Ohren durch Unwissenheit des Gesetzes und der Gier nach den Freuden Satans verschlossen sind, wird er sie nicht sehen, nicht hören, nicht berühren. Aber wenn er fastet und den lebendigen Gott bittet, all seine Krankheiten und Unreinheiten zu verbannen, dann werden seine Augen und Ohren geöffnet werden und er wird Frieden finden.

Aber nicht nur er, der die Leiden Satans in sich beherbergt, sondern auch seine Mutter, sein Vater, seine Ehefrau, seine Kinder, seine Freunde; sie leiden auch, denn kein Mensch ist eine Insel für sich allein, und die Kräfte, die durch ihn strömen, seien sie von den Engeln oder vom Satan, wahrlich, diese Kräfte gereichen den anderen zum Guten oder zum Bösen.

Auf diese Weise betet also zu eurem Himmlischen Vater, wenn die Sonne hoch zur Mittagsstunde steht: »Unser Vater, der Du im Himmel weilst, schicke den Söhnen der

Menschen den Engel des Friedens; auch schicke unserem Körper den Engel des Lichts auf dass er darin ewig verweile.«

Das Wort, das die Essener in Aramäisch und Hebräisch für den physischen Körper gebrauchten, stellte die Körperfunktion dar: handeln, bewegen.

Diese klare Definition unterschied sich stark von den Vorstellungen anderer Kulturen. Die Griechen zum Beispiel verehrten den Körper wegen seiner ästhetischen Eigenschaften, seiner Proportionen und seiner Schönheit, und eine tiefere Bedeutung war ihnen nicht bewusst. Die Römer betrachteten den Körper lediglich als Werkzeug der Stärke und Kraft, um Nationen zu erobern, um den römischen Adler in entfernte Länder zu pflanzen. Die mittelalterlichen Christen verachteten den Körper und sahen in ihm die Quelle allen menschlichen Leidens, ein Hindernis zwischen Mensch und Gott.

Die Essener jedoch hatten ein viel tieferes Verständnis. Sie wussten, dass im physischen Körper alle Gesetze des Lebens und des Kosmos durch die Entwicklung in Hunderten und Tausenden von Jahren Gestalt gefunden haben. In ihm galt es, den Schlüssel zum ganzen Universum zu finden.

Sie studierten ihn in Beziehung zur ganzen Rolle des Menschen im Weltall, und ihre Vorstellung von dieser Rolle war umfassender als irgendeine andere, die jemals entwickelt wurde. So sahen sie drei Aufgaben für den Menschen:

- seine individuelle Entwicklung;

- seine Funktion für den Planeten, auf dem er lebt;
- seinen Sinn als Teil des Kosmos.

Die Aufgabe des physischen Körpers ist es, zu allen drei Rollen seinen Teil beizutragen. Er ist ein göttliches Werk, erschaffen vom Gesetz zum Zweck des Schöpfers, in keiner Weise minderwertiger als irgendein anderes Werkzeug des Menschen oder etwas anderes im Universum. Der physische Körper wartet darauf, dass seine irdischen und spirituellen Energien bewusst eingesetzt werden.

Die Essener wussten, dass der Mensch kein isoliertes und auch nicht das einzige Wesen im Weltall ist, sondern eines unter vielen auf Erden und auf anderen Planeten, von denen alle einen handelnden Körper haben, der sich genauso wie beim Menschen entwickelt. Alle diesen aktiven Körper stehen deshalb miteinander in Verbindung und beeinflussen sich gegenseitig. Die Gesundheit und Lebenskraft jedes einzelnen Körpers ist deshalb von höchster Bedeutung sowohl für den Menschen selbst als auch für die anderen Wesen auf Erden und den anderen Planeten.

Die täglichen Übungen der Essener waren aus dieser dynamischen, allseitigen Vorstellung vom physischen Körper als einem integralen Teil des ganzen Weltalls abgeleitet, und das Resultat zeigte sich in ihrer außergewöhnlichen Gesundheit und Lebenskraft.

Jene, die ihrer Bruderschaft beitraten, wurden darin geübt, den physischen Körper in allen drei Funktionen zu vervollkommnen, und man lehrte sie, diesen Körper dem ständig wechselnden Kräftefeld, in dem er lebte und sich bewegte, anzupassen.

Ihnen wurde gezeigt, welche Wirkungen die unterschiedlichsten Nahrungsmittel und die verschiedensten Naturkräfte der Erde, Sonne, Luft und Wasser auf den Organismus haben. Ihnen wurden bestimmte Rituale zur Übung auferlegt, die diese Kräfte nutzten, wie zu Beispiel die täglichen Kaltwasserwaschungen am Morgen und das tägliche Sonnenbad. Durch praktische Erfahrungen lernten sie die belebende Kraft der Arbeit in Feld-, Obst- und Gemüsegärten kennen.

Den Essenern wurde auch gelehrt, wie Krankheit durch Missachtung des Gesetzes entsteht und wie diese Krankheiten zu heilen waren. Sie lernten den Wert und die heilenden Kräfte verschiedener Kräuter und Pflanzen kennen, die Heilung mit Hilfe der Luft und des Wassers sowie die richtige Diät für jedes Leiden. Sie wurden in richtigem Atmen geschult und in die Macht eingeweiht, die die Gedanken über unseren physischen Körper haben. Sie erlernten den materiellen und spirituellen Wert der Mäßigung in allen Dingen, und dass das Fasten ein Mittel ist, den Körper zu regenerieren und den Willen zu stärken, um die spirituelle Kraft zu vermehren.

Diese Übungen gaben dem physischen Körper Frieden und Harmonie. Aber übertriebene Bedeutung wurde ihm nie beigemessen. Die Beachtung und Sorgfalt galt allein dem Zweck, ihn in guter Gesundheit als Werkzeug benutzen zu können, um Taten der Weisheit und Liebe für die Mitmenschen durchzuführen. In dieser Weise nahm der physische Körper an der Entwicklung des einzelnen, des Planeten und des ganzen Weltalls teil und ermöglichte jedem so, Mitschöpfer an der Seite Gottes und des Gesetzes zu werden. Dies war der erste Friede, wie er von den Essenern ausgeübt wurde, der Friede mit dem Körper.

Abendkommunion – Engel der Kraft

Die erste Kommunion
haltet mit dem Engel der Kraft,
der die Sonne mit Hitze erfüllt
und die Hand des Menschen
in all seinen Werken führt.
Dein, o Himmlischer Vater, war die Kraft,
als Du für jeden von uns
einen Weg bestimmtest, und für alle.
Durch Deine Kraft
werden meine Füße
den Pfad des Gesetzes beschreiten;
durch Deine Kraft
werden meine Hände Deine Werke tun.
Möge der goldene Fluss der Kraft
immer von Dir zu mir fließen
und mein Körper sich immer Dir zuwenden,
wie die Blume sich der Sonne zuwendet.
Denn es gibt keine Kraft
außer der des Himmlischen Vaters;
alles Übrige ist nur ein Traumgebilde aus Staub,
eine Wolke, die an der Sonne vorbeizieht.
Es gibt keinen Menschen,

der Macht hat über den Geist
noch Macht am Tage des Todes.
Nur die Macht, die von Gott kommt,
kann uns aus der Stadt des Todes heraustragen.
Führe unsere Worte und Taten,
Engel der Kraft,
heiliger Bote des Himmlischen Vaters.

Dein, o Himmlischer Vater!
War die Macht, als Du uns einen Weg
für jeden von uns und allen bestimmtest.

Was ist eine gut ausgeführte Tat?
Sie geschieht, wenn die Kinder des Lichts
das Gesetz über alle Dinge stellen.
Das Beste aller Geschenke
erbitte ich darum von Dir, Du Bestes aller Wesen,
o Himmlischer Vater!
Auf dass das Heilige Gesetz unsere Wege bestimme
durch Deinen Engel der Kraft!
Ich nähere mich Dir mit meinen Bittgebeten:
dass Deine großartigen Geschenke der Kraft
Deine himmlische Ordnung für immerdar schützen
sowie Deinen schöpferischen Geist in uns für immer.
Wir wollen Dich preisen, Himmlischer Vater,
o allmächtiger König!
Und wir wollen Deine Kräfte loben
für immer und ewig.
Solange wir fähig sind und die Kraft dazu haben,

wollen wir die Menschen belehren,
über diese Handlungen, die sie tun sollen,
mit festem Glauben an den Himmlischen Vater,
die Erdenmutter, die heiligen Engel
und alle Kinder des Lichts,
die den Boden bestellen im Garten der Bruderschaft
mit dem Wunsch nach Erfüllung der himmlischen
Ordnung
in ihrer Seele und ihrem Körper.
Dein, o himmlischer Vater, war die Kraft,
Dein, o Du Schöpfer der Liebe!
War das Verständnis und der Geist,
als Du uns einen Weg für jeden von uns
und allen bestimmtest.
Mit Deiner Kraft werden wir unter die Leute gehen
und sie lehren und sagen: Vertraut auf das Gesetz
und geht auf den Pfaden der heiligen Engel.
So sollt ihr auf Erden leben
und von der Festtafel der Mutter Erde
reichlich ernährt werden.
Erfreue dich auch der Kraft
des Himmlischen Vaters,
und Er wird dir die Wünsche deines Herzens erfüllen.
Lass keine Überheblichkeit aus deinem Munde
kommen:
denn der Himmlische Vater regiert
mit dem heiligen Gesetz,
und von Ihm werden deine Taten abgewogen.
Er bringt dich ins Grab und wieder ins Leben.

Die Kraft Seines Gesetzes macht arm, macht reich,
Seine Kraft macht niedrig und erhaben.
Er erhebt aus dem Staub die Armen
und die Bettler aus dem Misthaufen
und lässt sie den herrlichen Thron erben.
Aus dem Himmel wird Er donnern
auf die Kinder der Dunkelheit:
Mächtig wird der Herr die Ziele der Erde bestimmen;
höre die Stimmen der Brüder,
die in der Wildnis und der trockenen Wüste rufen:
Bereitet den Weg des Himmlischen Vaters
und der Erdenmutter
und aller heiligen Engel des Tages und der Nacht.
Jedes Tal soll aufgefüllt werden und jeder Berg und
Hügel eingeebnet:
Und das Krumme soll begradigt werden
und das Rauhe weich,
und alles Fleisch soll die Kraft des Gesetzes erkennen.
Wir lobpreisen Dich, Himmlischer Vater,
denn Du hast uns erhoben,
o Herr, unser allmächtiger, kraftvoller Vater,
wir weinten nach Dir, und Du hast uns geheilt.
Aus dem Grab hast Du die Seelen der Menschen
heraufgeholt;
und hast sie am Leben erhalten,
dass sie nicht in die Hölle fahren.
O Himmlischer Vater, Du bist das Gesetz;
des Morgens und Abends werden wir nach Deinen
Engeln verlangen: Unsere Seelen dürstet nach

dem Gesetz,
unser Fleisch sehnt sich danach.
Ein Fluss voll heiliger Kraft ist das Gesetz
in einem trockenen und durstigen Land,
wo es kein Wasser gibt.
Unsere Lippen werden Deine Kraft preisen,
solange wir leben.
Wir wollen unsere Hände in Deinem Namen erheben,
wir wollen Deine himmlische Ordnung erhalten
und stärken durch gute Taten.
Wir werden Deine heilige Kraft anrufen
und Tag und Nacht ausdrücken,
und diese Kraft soll uns zur Hilfe kommen;
sie wird so sein, als ob tausend Engel
über einen Menschen wachen.
Dir, Himmlischer Vater, gehört alle Kraft,
und Dir gehört auch die Gnade:
Denn das heilige Gesetz
vergilt jedem Menschen gemäß seinem Werk.

»Engel der Kraft, steige zu mir herab und erfülle alle meine Taten mit Kraft.«

Denn wahrlich ich sage euch, so wie es kein Leben auf der Erde ohne Sonne gibt, so gibt es ohne den Engel der Kraft kein Leben des Geistes. Was ihr denkt und was ihr fühlt, das ist wie eine tote Schrift, die nur Worte auf einer Seite sind oder wie die tote Sprache der toten Menschen. Aber die Söhne des Lichts werden nicht nur denken, nicht nur

fühlen, sondern werden auch tun, und ihre Taten werden die Erfüllung ihrer Gedanken und Gefühle sein, so wie die goldenen Früchte des Sommers dem grünen Laub des Frühlings ihre Bedeutung geben.

Die Essener hielten das ganze Weltall für ein kosmisches Meer des Lebens, in dem die Strömungen kosmischer Kräfte ununterbrochen alle Formen des Lebens auf allen Planeten vereinigen und ihn mit allen anderen Lebewesen verbinden.

Die Kommunion machte diese kosmischen Kräfte bewusst, die ihn umgeben und in ihm sind. Indem er ihr Wirken wahrnimmt, kann er sie durch sein Nervensystem aufnehmen und sie in jedem Bereich seines Lebens nutzen. Die Essener waren in bemerkenswertem Maße dazu fähig, diese Strömungen aufzunehmen und entsprechend zu verwerten.

»Engel der Kraft, gehe ein in meinen Körper und leite alle meine Taten.«

Indem ich mich auf die Sterne besinne, ihre Strahlen und auf das kosmische Meer des Lebens, fühle ich die kosmischen Kräfte der Sterne von dem Nervensystem meines Bewegungskörpers aufgenommen.

Montag

Einleitung
Ich betrete den ewigen und unendlichen Garten des Wunders, mein Geist in Einheit mit dem Himmlischen Vater, mein Körper in Einheit mit der Erdenmutter, mein Herz in Harmonie mit meinen Brüdern, den Söhnen der Menschen, schenke ich meinen Geist, meinen Körper und mein Herz der heiligen, reinen und erlösenden Lehre, jener Lehre, die von alters her Enoch bekannt war.

Morgenkommunion – Engel des Wassers

Die zweite Kommunion
haltet mit dem Engel des Wassers,
der den Regen auf die ausgedörrte Ebene fallen lässt,
der den trockenen Brunnen
bis zum Überfließen anfüllt.
Ja, wir verehren dich, Wasser des Lebens.
Aus dem Himmlischen Meer rinnen die Wasser,
fließen hervor aus nie versiegenden Quellen.
In meinem Blut fließen
tausend reine Quellen,
Dünste und Wolken,
und alle Wasser,
die sich über alle sieben Reiche ausbreiten.
Alle Wasser, die der Schöpfer machte, sind heilig.

Die Stimme des Schöpfers
ist über den Wassern:
der Gott der Herrlichkeit
lässt den Donner ertönen,
der Herr ist über vielen Wassern.
Engel des Wassers,
Heiliger Bote der Erdenmutter,
gehe ein in das Blut,
das mich durchfließt,
wasche meinen Körper im Regen,
der vom Himmel fällt,
und gib mir das Wasser des Lebens.

Aus dem Himmlischen Meer
fließen die Wasser und ergießen sich
aus den nie versiegenden Quellen.

In die trockene und unfruchtbare Wüste
haben die Brüder
den Engel des Wassers gebracht:
damit er einen Garten
und Ort lebendigen Grüns hervorbringe,
voller Bäume und wohlriechender Blumen.
Wirf dich in die umhüllenden Arme
des Wasserengels:
und er wird alles aus dir herauswaschen,
was unrein und schlecht ist.
Lass meine Liebe zu Dir fließen, Himmlischer Vater,
so wie der Fluss zum Meer fließt,

und lass Deine Liebe zu mir fließen, Himmlischer Vater,
so wie der sanfte Regen die Erde küsst.
Wie ein Fluss durch den Wald
ist das Heilige Gesetz.
Alle Geschöpfe brauchen es,
und keinem Wesen verweigert es sich.
Das Gesetz bedeutet
für die Welt des Menschen das gleiche
wie ein großer Strom den Flüssen und Bächen.
Wie Wasserläufe in einem trockenen Land
sind die Kinder des Lichts, die das Heilige Gesetz
in die Welt der Menschen bringen.
Im Wasser kannst du ertrinken,
und mit Wasser kannst du deinen Durst stillen.
So ist das Heilige Gesetz
auch ein zweischneidiges Schwert:
mit dem Gesetz kannst du dich selbst zerstören,
und mit dem Gesetz kannst du Gott erkennen.
Himmlischer Vater!
Aus Deinem Himmlischen Meer
fließt alles Wasser,
das sich über alle sieben Reiche ausbreitet.
Allein Dein Himmlisches Meer
bringt immerzu Wasser hervor;
im Sommer wie im Winter und zu allen Jahreszeiten.
Dieses Meer reinigt den Samen der Männer
und den Schoß der Frauen
sowie die Milch der weiblichen Brüste.
Dein Himmlisches Meer fließt ungehemmt

auf ertragreiche Kornfelder
und saftige Weiden
und auf die ganze Erdenwelt.
Tausende von reinen Quellen
fließen auf die grünen Felder,
die den Kindern des Lichts Nahrung geben.
Wer sich dir hingibt,
heiliger Engel des Wassers,
dem wirst du Glanz und Herrlichkeit verleihen,
ihn mit Gesundheit und Lebenskraft segnen,
und ihm ein langes und dauerhaftes Leben geben,
und später das Himmlische Meer.
Wir verehren all die Heiligen Wasser,
die den Durst der Erde stillen,
all die Heiligen Wasser
und all die Pflanzen, die der Schöpfer erschuf.
Denn alle sind heilig!
Wir verehren das Wasser des Lebens
und alles Wasser auf Erden,
das stehende, fließende und quellende Wasser,
die Quellen, die dauernd fließen,
die gesegneten Regentropfen;
wir geben uns den guten und heiligen Wassern hin,
die das Gesetz erschaffen hat.
Lass die Meere brausen und alle Wasser der Welt
und die Wesen, die darin leben.
Lass die Fluten in die Hände klatschen,
lass die Hügel froh beisammen sein.
Die Stimme des Herrn ist über den Wassern!

Der Herr der Herrlichkeit donnert.
Himmlischer Vater! Und du, Engel des Wassers!
Wir sind Dir dankbar und lobpreisen Deinen Namen.
Eine Flut der Liebe springt hervor
aus den verborgenen Stellen unter der Erde:
die Bruderschaft ist für immer gesegnet
durch das Heilige Wasser des Lebens!

»Engel des Wassers, tritt ein in mein Blut und gib meinem Körper das Wasser des Lebens!«

Und ihr werdet spüren, wie die Kraft des Engels des Wassers in euer Blut eindringt, und wie die vorbei eilenden Wellen des Wassers und wie die Bäche eines Stromes wird die Kraft der Erdenmutter durch euer Blut und den ganzen Körper strömen. Und es wird zum Heilen sein, denn die Kraft des Engels des Wassers ist mächtig. Wenn du zu ihm sprichst, wird er seine Kraft nach deinem Befehl leiten, denn wenn die Engel Gottes in dem Sohn des Menschen verweilen, dann ist alles möglich.

Die Essener sahen den Kreislauf des Wassers in der Natur im Zusammenhang mit dem Blutkreislauf im Körper. Sie wussten, dass alle Organismen, genauso wie ihre Nahrung, überwiegend aus Wasser bestand, das auch für das Leben der Erde so wichtig ist. Die Vollkommenheit des Organismus hängt von der Qualität des Blutes ab, auf die gleiche Weise, wie die Vollkommenheit der materiellen Umwelt von der verfügbaren Wasserqualität abhängt.

In dieser Kommunion wurden alle Formen des Wassers betrachtet; die Flüsse, Bäche, der Regen, der Saft in den Bäumen und Pflanzen usw., um als lebendige Wirklichkeit die Einheit zwischen den Flüssigkeiten des Körpers und den Gewässern des Planeten aufzubauen, wodurch die Fähigkeit erworben wurde, willentlich den Blutstrom in jeden Körperteil zu lenken oder ihn abzuziehen.

Diese Kraft befähigte die Essener, viele Krankheiten zu heilen, bei denen sonst nur lange und mühevolle Behandlungen halfen. Dies war eine der Ursachen für die vollständige Selbstkontrolle der Essener und ihre unglaubliche Widerstandskraft gegen Schmerzen.

»Engel des Wassers, gehe ein in mein Blut und gib das Wasser des Lebens meinem ganzen Körper!«

Indem ich so spreche, besinne ich mich auf die Gewässer der Erde, im Regen, Fluss, See, Meer oder irgendwo, und die Strömungen des Engels des Wassers werden wahrnehmbar, indem sie den Blutkreislauf verstärken und lenken.

Mittagsbetrachtung – Friede mit dem Geist (Gedanken)

Gesegnet ist das Kind des Lichts,
das weise ist im Geiste,
denn es wird den Himmel erschaffen.
Der Geist der Weisen

ist ein wohl gepflügtes Feld,
das große Fülle hervorbringt.
Wenn du einem weisen Mann
eine Handvoll Saatkorn zeigst,
wird vor seinem geistigen Auge
ein Feld goldnen Weizens erstehen.
Doch zeigst du einem Narren eine Handvoll Saat,
wird er nur das sehen, was vor ihm liegt,
und wird sie wertlose Kiesel nennen.
Und so wie das Feld des Weisen
Getreide in Fülle hervorbringt
und das Feld des Narren
nur eine Ernte von Steinen,
so ist es mit unseren Gedanken.
So wie die Garbe goldenen Weizens
im winzigen Korn sich verbirgt,
so liegt das Himmlische Königreich
in unseren Gedanken verborgen.
Wenn sie von der Kraft,
der Liebe und der Weisheit
der Engel des Himmlischen Vaters erfüllt sind,
werden sie uns zum Himmlischen Meer tragen.
Aber wenn sie befleckt sind
mit Verderbtheit, Hass und Unwissen,
werden sie uns an die Säulen
des Schmerzes und Leidens ketten.
Niemand kann zwei Herren dienen;
noch können böse Gedanken in einem Geist wohnen,
der vom Licht des Gesetzes erfüllt ist.

Wer den Frieden im Geiste fand, hat gelernt,
in Höhen zu steigen über das Reich der Engel hinaus.
Erkenne diesen Frieden in deinem Geist,
ersehne diesen Frieden mit deinem Herzen,
erfülle diesen Frieden mit deinem Körper.

Dann soll der Sohn des Menschen Frieden in seinen eigenen Gedanken finden; auf dass der Engel der Weisheit ihn leite. Denn wahrlich, ich sage euch, es gibt keine größere Macht im Himmel und auf Erden als die Gedanken des Menschensohnes. Wenn auch unsichtbar für die Augen des Körpers, hat doch jeder Gedanke große Macht, eine Macht, die die Himmel erzittern lassen kann.

Denn keinem anderen Lebewesen im Reich der Erdenmutter wurde die Macht der Gedanken gegeben, denn alle Tiere, die kriechen und fliegen, leben nicht nach ihrem eigenen Denken, sondern nach dem einen Gesetz, das alles beherrscht. Nur den Menschensöhnen wurde die Macht der Gedanken gegeben, sogar jenes Denken, das die Fesseln des Todes zerbrechen kann.

Denkt nicht, dass es keine Macht hat, weil man es nicht sieht. Wahrlich, ich sage euch, der Blitz, der die mächtige Eiche zerteilt, oder das Beben, das Risse in die Erde zieht, sind ein Kinderspiel verglichen mit der Macht des Denkens.

Wahrlich, jeder Gedanke der Finsternis, mag er boshaft, ärgerlich oder rachsüchtig sein, verursacht Zerstörung wie ein Feuer, das unter einem windstillen Himmel durch trockenes Gehölz fegt. Aber der Mensch sieht weder das Blutbad, noch hört er die erbarmungsvollen Schreie der Opfer, denn er ist blind für die Macht des Geistes.

Aber wenn seine Kraft von der heiligen Weisheit geleitet wird, dann führen die Gedanken des Menschensohnes zum Himmlischen Reich, und damit ist das Paradies auf Erden errichtet; dann erheben eure Gedanken die Seelen der Menschen, so wie das kalte Wasser eines Flusses euren Körper in der Sommerhitze belebt.

Wenn ein flügger Vogel zum ersten Mal das Fliegen versucht, können ihn seine Flügel noch nicht tragen, und er fällt immer wieder auf die Erde. Aber er versucht es immer wieder, und eines Tages schwebt er nach oben, lässt die Erde und sein Nest weit hinter sich.

So ist es auch mit den Gedanken der Söhne des Menschen. Je länger er mit den Engeln wandelt, um so kraftvoller werden seine Gedanken, erfüllt mit heiliger Weisheit.

Und wahrlich, ich sage euch, der Tag wird kommen, an dem seine Gedanken sogar das Reich des Todes überwinden und sich emporschwingen werden zum immerwährenden Leben in den himmlischen Gefilden; denn mit ihren von der Heiligen Weisheit geleiteten Gedanken bauen die Söhne der Menschen eine Brücke des Lichts, auf der sie Gott erreichen.

Auf diese Weise betet zu eurem Himmlischen Vater, wenn die Sonne hoch zur Mittagsstunde steht:

»Unser Vater, der Du im Himmel weilst, sende Deinen Engel des Friedens zu allen Menschensöhnen und schicke unseren Gedanken den Engel der Kraft, auf dass wir die Fesseln des Todes zerbrechen!«

Abendkommunion – Engel der Liebe

Die zweite Kommunion
haltet mit dem Engel der Liebe,
dessen heilende Wasser in unendlichem Strom
aus dem Meer der Ewigkeit fließen.
Geliebte, lasst uns einander lieben:
denn die Liebe kommt vom Himmlischen Vater
und jeder, der liebt,
ist ein Kind himmlischer Ordnung
und kennt die Engel.
Denn ohne Liebe ist das Herz des Menschen
ausgedörrt und gesprungen
wie der Boden eines trockenen Brunnens,
und seine Worte sind leer
wie ein hohler Kürbis.
Aber liebende Worte sind wie eine Honigwabe,
süß für die Seele;
liebende Worte in eines Menschen Mund
sind wie tiefe Wasser
und der Quell der Liebe

wie ein rauschender Bach.
Ja, es wurde in den alten Zeiten gesagt,
du sollst deinen Himmlischen Vater lieben,
aus ganzem Herzen,
aus ganzer Seele
und mit all deinen Taten,
und du sollst deine Brüder lieben
wie dich selbst.
Der Himmlische Vater ist Liebe,
und wer in der Liebe wohnt,
wohnt im Himmlischen Vater
und der Himmlische Vater in ihm.
Er, der nicht liebt, gleicht einem Vogel,
der aus dem Nest fiel und umherwandert;
ihm schlägt die Ernte fehl,
und das Wasser des Stromes schmeckt ihm bitter.
Und wenn ein Mann sagt,
ich liebe den Himmlischen Vater,
aber hasse meinen Bruder, so ist er ein Lügner;
denn wer seinen Bruder nicht liebt,
den er sehen kann,
wie kann er seinen Vater lieben,
den er nicht sieht?
So erkennen wir die Kinder des Lichts;
sie wandeln mit dem Engel der Liebe,
denn sie lieben den Himmlischen Vater
und sie lieben ihre Brüder
und halten das Heilige Gesetz.
Liebe ist stärker

als die Strömung reißenden Wassers;
Liebe ist stärker als der Tod.

Liebe ist stärker
als die Strömung tiefer Gewässer;
Liebe ist stärker als der Tod.

Geliebte, lasst uns einander lieben,
denn Liebe kommt vom Himmlischen Vater,
und jeder der liebt, ist ein Kind
des Himmlischen Vaters und der Erdenmutter
und kennt die Engel.
Ihr sollt einander lieben
wie der Himmlische Vater euch geliebt hat;
denn Er ist die Liebe;
und wer in der Liebe wohnt,
lebt im Himmlischen Vater
und der Himmlische Vater in ihm.
Lass den Menschen, der liebt, wie die Sonne sein,
wenn er mit aller Kraft voran geht.
Ihr Brüder, seid aus einem Geiste
und habt endlose Liebe und Mitgefühl füreinander.
Du sollst dich nicht rächen,
noch irgendeinen Groll hegen
gegen die Kinder deines Volkes,
sondern du sollst deinen Nachbarn lieben
wie dich selbst.
Wenn ein Mensch sagt,
ich liebe den Himmlischen Vater,

doch hasse meinen Bruder,
so ist er ein Lügner:
denn wer seinen Bruder nicht liebt,
den er sehen kann,
wie kann er den Himmlischen Vater lieben,
den er nicht gesehen hat?
Wer den Himmlischen Vater liebt,
der liebt auch seinen Bruder.
Liebe darum auch den Fremden,
denn ihr wart selbst Fremde in Ägypten.
Es wird von Leuten gesagt,
besser eine Mahlzeit aus Kräutern, wo Liebe ist,
als einen Ochsen im Stall und Hass im Haus.
Liebevolle Worte sind wie eine Honigwabe,
süß für die Seele und heilsam für die Glieder.
Die Worte aus eines Menschen Munde
sind wie tiefe Wasser;
und die Quelle der Liebe wie ein fließender Bach.
Das Gesetz verlangt nichts anderes von dir,
als gerecht zu handeln und mit Barmherzigkeit zu lieben
und demütig mit den Engeln zu wandeln.
So wissen wir,
dass der Engel der Liebe in uns lebt,
wenn wir den Himmlischen Vater lieben
und sein Gesetz befolgen.
O gnädige Liebe!
O Schöpfer der Liebe!
Offenbare die besten Worte

durch deinen göttlichen Geist, der in uns lebt.
Sage den Kindern des Lichts,
die das Erdreich im Garten der Bruderschaft pflügen:
»Ehrt alle Menschen.
Liebt die Bruderschaft.
Folgt dem Gesetz!«

»Engel der Liebe, steige zu mir herab und erfülle alle meine Gefühle mit Liebe!«

Denn durch die Liebe werden Himmlischer Vater, Erdenmutter und Menschensohn eins.

Liebe ist ewiglich; Liebe ist stärker als der Tod. Und jede Nacht sollen die Söhne des Lichts in dem heiligen Wasser des Engels der Liebe baden, damit er am Morgen die Söhne der Menschen mit freundlichen Taten und sanften Worten taufen kann. Denn wenn das Herz des Sohnes des Lichts in Liebe gebadet ist, dann werden nur noch freundliche und sanfte Worte kommen.

Liebe war für die Essener das höchste schöpferische Gefühl, und für sie gab es ein kosmisches Meer der Liebe, das überall alle Formen des Lebens vereinte. Leben selbst war für sie ein Ausdruck der Liebe.

Der Zweck dieser Kommunion besteht darin, dem Menschen die Wichtigkeit und Bedeutung dieser höheren Gefühlsströmungen in sich selbst und im Universum zu lehren. Sie will ihn dieser Strömungen bewusst und aufnahmefähig machen, als einer mächtigen Energiequelle und Kraft, die er konzentrieren und in alle Ausdrucksformen seines Bewusstseins lenken kann.

In der Vorstellung der Essener verletzte der einzelne sich selbst, wenn er irgendeine Form des Lebens außerhalb von sich selbst verletzte, denn zwischen allen Lebewesen besteht eine lebendige Verbindung im kosmischen Ozean der Liebe. Die Essener selbst waren fähig, starke Liebesgefühle allen Menschen, nahe und ferne, gegenüber auszudrücken, und zu allen Lebewesen auf Erden und im unendlichen Weltall auszustrahlen.

Diese Liebe, die sie fühlten, war der Kern ihres Zusammenlebens in Bruder-Gemeinschaften; das veranlasste sie, all ihren Nahrungsüberschuss an Bedürftige zu verteilen und hinauszugehen, die Unwissenden zu lehren und die Kranken zu heilen. Sie drückten ihre Liebe in Taten aus.

Diese Fähigkeit, höhere Gefühlsschwingungen anzuziehen und weiterzugeben, war eine ihrer großen mystischen Errungenschaften.

»Engel der Liebe, ströme in meinen Gefühlskörper und reinige alle meine Gefühle!«

Während dies gesagt wird, schickt der Gefühlskörper höhere Gefühlsströme zu allen Geschöpfen der Erde und all jenen im kosmischen Meer der Liebe und zieht sie gleichzeitig an.

Dienstag

Einleitung
Ich betrete den ewigen und unendlichen Garten des Wunders, mein Geist in Einheit mit dem Himmlischen Vater, mein Körper in Einheit mit der Erdenmutter, mein Herz in Harmonie mit meinen Brüdern, den Söhnen der Menschen, schenke ich meinen Geist, meinen Körper und mein Herz der heiligen, reinen und erlösenden Lehre, jener Lehre, die von alters her Enoch bekannt war.

Morgenkommunion – Engel der Luft

Die dritte Kommunion
haltet mit dem Engel der Luft,
der den Geruch süß duftender Felder ausbreitet,
von Frühlingsgras nach Regen,
von sich öffnenden Knospen
der Rose von Sharon.
Wir verehren den Heiligen Atem,
der höher ist,
als alle erschaffenen Dinge.
Denn siehe,
der ewige, höchste Lichtraum,
wo die unzähligen Sterne regieren,
ist die Luft, die wir einatmen
und die Luft, die wir ausatmen.
Und im Augenblick

zwischen Einatmen und Ausatmen
liegen alle Mysterien
des Unendlichen Gartens verborgen.
Engel der Luft,
Heiliger Bote der Erdenmutter,
dringe tief in mich ein,
wie die Schwalbe vom Himmel herabstürzt,
damit ich das Geheimnis des Windes erfahre
und die Musik der Sterne.

Wir verehren den Heiligen Atem,
der höher steht
als alle geschaffenen Dinge;
und wir verehren
die höchste Weisheit.

Inmitten der frischen Luft der Wälder und Felder
wirst du dem Engel der Luft begegnen.
Geduldig erwartet er dich,
bis du die feuchten,
überfüllten Höhlen der Städte verlässt.
Begehre ihn dann und atme tief
den heiligen Luftzug ein, den er dir schenkt.
Atme lang und tief ein,
damit der Engel der Luft dich erfülle.
Denn der Rhythmus deines Atems
ist der Schlüssel zum Wissen,
welches das Heilige Gesetz offenbart.
Der Engel der Luft

schwebt auf unsichtbaren Flügeln:
Du solltest auf seinem unsichtbaren Pfad wandern,
wenn du das Angesicht Gottes sehen willst.
Süßer als der feinste Nektar
des honigsüßen Granatapfels
ist der Duft des Windes im Zypressenhain,
noch süßer ist der Geruch der Göttlichen,
die das Heilige Gesetz verehren und lehren.
Heilig ist der Engel der Luft,
der alles von Unreinheit befreit
und allen übelriechenden Dingen
einen süßen Geruch verleiht.
Kommt, o kommt, ihr Wolken!
Von oben zur Erde hinab in tausendfachen Tropfen,
durch deren Glanz und Herrlichkeit der Wind bläst,
und die Wolken hinuntertreibt auf die nie versiegenden Quellen.
Nebel steigt auf aus den Tälern der Berge,
vom Wind auf die Fährte des Gesetzes gebracht,
welches das Reich des Lichtes vergrößert.
Durch seine Kraft erschuf der Himmlische Vater die Erde;
Er begründete die Welt durch Seine Weisheit
und breitete die Himmel durch Seinen Willen aus.
Wenn Er seine Stimme erhebt,
sind große Wassermengen am Himmel,
und Er lässt die Nebel aufsteigen
vom Ende der Erde.
Er macht Blitze und Regen

und bringt den Wind mit Seinem Atem hervor.
So wie das Meer die Wasser sammelt,
die aufsteigen und fallen
mit der Luft und wieder zur Erde fallen,
dann wieder aufsteigen mit den Winden:
so erhebe auch du dich und gehe deinen Weg!
Du, für dessen Steigen und Wachsen
der Himmlische Vater erschaffen hat
den unübertrefflichen leuchtenden Weltenraum.
Kein Mensch kann vor das Angesicht Gottes treten,
den der Engel der Luft nicht vorbeilässt.
Dein Körper muss die Luft der Mutter Erde atmen,
so wie dein Geist das Heilige Gesetz
des Himmlischen Vaters.

»Engel der Luft, trete mit meinem Atem ein und gib meinem Körper die Luft des Lebens!«

Wisset, o Söhne des Lichts, dass der Engel der Luft der Bote des Himmlischen Vaters ist, und niemand tritt vor das Angesicht Gottes, der nicht von ihm vorbeigelassen wurde. Denn wir denken nicht an den Engel der Luft, wenn wir atmen; denn wir atmen gedankenlos, so wie die Söhne der Finsternis ihr Leben gedankenlos leben. Aber wenn die Kraft des Lebens in eure Worte und in euren Atem eintritt, dann ruft ihr jedes mal den Engel der Luft an, und so ruft ihr auch die unbekannten Engel des Himmlischen Vaters an, und ihr werdet dem Himmlischen Reich näher und näher kommen.

Die Absicht dieser Kommunion bestand darin, dem Menschen die dynamische Einheit zwischen Luft und Leben bewusst zu machen; denn die Atmung ist das Bindeglied zwischen Organismus und Kosmos. Da, wo es Leben gibt, ist Atem, und das Verschwinden des einen bedingt auch das Ende des anderen. Die Atmosphäre umgibt die Natur; die Luft fließt im Körper und so spielen beide eine erstaunliche Rolle für die Gesundheit und Lebenskraft.

Diese Kommunion wurde durch gewisse tiefe, rhythmische Atemübungen ergänzt. Sie ermöglichten den Essenern, besondere Energien aus der Atmosphäre zu absorbieren und so eine Wechselbeziehung zwischen dem Selbst und dem Universum herzustellen.

Diese Kommunionen mit der Mutter Erde und ihren Engeln waren die Quelle, aus der die Essener ihre besondere Lebensweise ableiteten – ihre Ernährung, die Kaltwasserwaschungen, die Sonnenbäder und das Atmen usw.; so wie es von ihren Zeitgenossen Josephus, Philo und Plinius mit großer Bewunderung beschrieben wurde.

»Engel der Luft, gehe ein in meine Lungen und gib die Luft des Lebens meinem ganzen Körper!«

Ich besinne mich auf die Atmosphäre, wenn ich diese Worte spreche und atme rhythmisch ein und aus.

Mittagsbetrachtung – Friede mit der Bruderschaft (Gefühle / Familie)

Gesegnet ist das Kind des Lichts,
das reinen Herzens ist,
denn es soll Gott schauen.
Denn so wie der Himmlische Vater
dir seinen heiligen Geist gab,
und deine Erdenmutter dir
ihren heiligen Körper,
so sollst du Liebe geben all deine Brüdern.
Und deine wahren Brüder sind all jene,
die den Willen erfüllen deines Himmlischen Vaters
und deiner Erdenmutter.
Lass deine Liebe der Sonne gleichen,
die alle Geschöpfe der Erde bescheint
und keinen Grashalm dem anderen vorzieht.
Und diese Liebe soll fließen
wie ein Springbrunnen von Bruder zu Bruder;
und so wie sie gibt,
soll sie wieder aufgefüllt werden.
Denn Liebe ist ewig;
Liebe ist stärker
als die Strömung reißenden Wassers,
Liebe ist stärker als der Tod.
Und wenn ein Mensch keine Liebe hat,
baut er einen Wall zwischen sich
und allen Geschöpfen der Erde, und darinnen

verharrt er
in Einsamkeit und Schmerz.
Oder er wird zu einem wütenden Strudel,
der alles, was ihm zu nahe kommt,
in seine Tiefen einsaugt.
Denn das Herz ist ein Meer mit mächtigen Wogen,
die Liebe und Weisheit besänftigen müssen;
so wie die warme Sonne durch Wolken bricht
und die unruhige See besänftigt.
Wer Friede mit seinen Brüdern erreicht hat,
hat das Reich der Liebe betreten
und wird Gott persönlich schauen.
Erkenne diesen Frieden mit deinem Geist,
ersehne diesen Frieden mit deinem Herzen,
erfülle diesen Frieden mit deinem Körper!

Dann soll der Sohn des Menschen den Frieden in seinen eigenen Gefühlen suchen; auf dass seine Familie sich an seiner liebevollen Güte erfreue; auch sein Vater, seine Mutter, seine Ehefrau, seine Kinder und seine Kindeskinder. Denn der Himmlische Vater ist hundertmal größer als alle Väter des Samens und des Blutes; und die Erdenmutter ist hundertmal größer als alle Mütter des Körpers, und eure wahren Brüder sind all jene, die dem Willen eures Himmlischen Vaters und eurer Erdenmutter gehorchen, und nicht eure Brüder im Blute.

Trotzdem sollt ihr den Himmlischen Vater in eurem körperlichen Vater und eure Erdenmutter in eurer irdischen Mutter sehen; denn sind nicht auch diese Kinder des Himmlischen Vaters und der Erdenmutter?

Genauso sollt ihr eure Blutsbrüder lieben, wie ihr all eure wahren Brüder liebt, die mit den Engeln wandeln, denn sind diese nicht auch Kinder des Himmlischen Vaters und der Erdenmutter?

Ich sage euch wahrlich, es ist einfacher, die zu lieben, die man gerade erst kennengelernt hat, als die in eurem eigenen Heim, die von unseren Schwächen wissen und unsere Worte des Ärgers vernommen und unsere Nacktheit gesehen haben, denn sie kennen uns, wie wir den Engel der Liebe anrufen, damit er in unsere Gefühle eintrete; auf dass sie gereinigt werden.

Und alles, was vorher Ungeduld und Zwietracht war, verwandelt sich in Harmonie und Frieden, so wie der ausgedörrte Boden den sanften Regen trinkt und grün und weich und zart von neuem Leben wird.

Denn zahlreich und schmerzvoll sind die Leiden der Menschensöhne, wenn sie sich nicht mit dem Engel der Liebe verbinden. Wahrlich, ein Mensch ohne Liebe wirft einen dunklen Schatten auf jeden, den er trifft; am meisten auf die, mit denen er lebt; seine barschen und ärgerlichen Worte fallen auf seine Brüder wie Gestank, der aus einem stehenden Pfuhl aufsteigt. Und der, der sie spricht, leidet am meisten, denn die Finsternis, die ihn umgibt, lädt Satan und seine Teufel ein.

Wenn er aber den Engel der Liebe anruft, dann zerteilt sich die Finsternis, und das Sonnenlicht strömt aus ihm, und die Farben des Regenbogens tanzen um seinen Kopf, und sanfter Regen strömt aus seinen Fingern, und er bringt Frieden und Kraft all denen, die sich um ihn scharen.

Auf diese Weise betet deshalb zu eurem Himmlischen Vater, wenn die Sonne hoch zur Mittagsstunde steht: »Unser Vater, der Du im Himmel weilst, sende den Engel des Friedens zu allen Söhnen der Menschen; und sende denen aus unserem Samen und unserem Blute den Engel der Liebe, auf dass Friede und Harmonie für immer in unserem Hause verweilen!«

Abendkommunion – Engel der Weisheit

Die dritte Kommunion
haltet mit dem Engel der Weisheit,
der den Menschen von Furcht befreit,
sein Herz weitet
und sein Gewissen erleichtert.
Die Heilige Weisheit,
die Erkenntnis, die sich fortwährend
wie eine heilige Schriftrolle entfaltet,
kommt jedoch nicht durch Lernen.
Alle Weisheit kommt vom Himmlischen Vater
und ist für immer mit Ihm.
Wer kann die Sandkörner zählen am Strand,
die Regentropfen
und die Tage der Ewigkeit?

Wer kann die Höhe des Himmels ermessen
und die Breite der Erde?
Wer kann sagen, wo Weisheit begann?
Weisheit wurde vor allen anderen Dingen geschaffen.
Wer ohne Weisheit ist,
gleicht dem, der zum Holz sagt:
»Erwache«, und zum stummen Gestein:
»Stehe auf und lehre«.
Seine Worte sind leer und seine Taten schädlich,
wie wenn ein Kind das Schwert seines Vaters schwingt
und die Schärfe der Klinge nicht kennt.
Aber der Weisheit Krone macht,
dass Frieden und vollkommene Gesundheit blühen,
beide sind Gottes Gaben.
O du, Himmlische Ordnung!
Und du, Engel der Weisheit!
Ich will dich und den Himmlischen Vater verehren,
durch den der Gedankenstrom in uns
zum Himmlischen Meer der Ewigkeit fließt.

Dem Herrn zu folgen,
ist der Anfang der Weisheit;
und das Wissen
des Heiligen
ist Erkenntnis.
Denn durch sie
werden die Tage vervielfacht
und die Jahre deines Lebens vermehrt.

Alle Weisheit kommt vom Himmlischen Vater
und ist für immer bei Ihm.
Durch das Heilige Gesetz
führt der Engel der Weisheit
die Kinder des Lichts.
Wer vermag den Sand des Meeres zu zählen,
die Regentropfen und die Tage der Ewigkeit?
Wer kann die Höhe des Himmels ermessen
und den Umfang der Erde,
die Tiefe und die Weisheit?
Weisheit war erschaffen vor allen Dingen.
Man kann mit Güte heilen,
man kann mit Gerechtigkeit heilen,
man kann mit Kräutern heilen,
man kann mit weisen Worten heilen.
Doch unter allen Heilmitteln
sind weise Worte am heilkräftigsten.
Sie vertreiben die Krankheit am besten
aus den Körpern der Gläubigen,
denn Weisheit ist das beste Heilmittel.
Dem Heiligen Gesetz zu folgen,
ist die Krone der Weisheit,
die Frieden stiftet und Gesundheit erblühen lässt.
Beide sind Geschenke der Engel.
Wir möchten Dir näher kommen, o Himmlischer Vater!
Mit Hilfe Deines Engels der Weisheit,
der uns führt mit Deiner Himmlischen Ordnung
und mit Taten und Worten,
erfüllt von Deiner Heiligen Weisheit!

Komme zu uns, Himmlischer Vater,
mit Deinem schöpferischen Geist.
Und der Du durch Deine Himmlische Ordnung
Geschenke vergibst,
verleihe auch das langwährende Geschenk der Weisheit
den Kindern des Lichts,
auf dass dieses Leben im Heiligen Dienst
im Garten der Bruderschaft geführt werde.
Im Reiche Deines guten Geistes,
das auch in unserem Geiste lebt,
fließt der Pfad der Weisheit
aus der Himmlischen Ordnung,
wo der Heilige Lebensbaum steht.
Auf welche Weise wird Dein Gesetz erkennbar,
o Himmlischer Vater?
Der Himmlische Vater antwortet:
»Durch gute Gedanken
in vollkommener Einheit mit der Weisheit,
o Kind des Lichts!«
Und welches ist ein gut gesprochenes Wort?
Es ist das segenbringende Wort der Weisheit.
Was ist ein gut gedachter Gedanke?
Er ist das, was das Kind des Lichtes denkt,
das den Heiligen Gedanken
für den höchsten Wert über allen Dingen hält.
So wird das Kind des Lichts wachsen
in Vertiefung und Meditation,
auf dass es Weisheit entwickelt.
Und so soll es fortfahren,

bis alle Geheimnisse des unendlichen Gartens,
wo der Lebensbaum steht,
ihm offenbart werden.
Dann wird es die siegreichen Worte sprechen:
O Himmlischer Vater!
Gib mir meine Aufgabe,
für den Bau Deines Reiches auf Erden,
durch gute Gedanken, gute Worte und gute Taten,
die für das Kind des Lichts
die kostbarsten Geschenke sind.
O Du Himmlische Ordnung!
O Du Geist des Universums!
Ich werde Dich und den Himmlischen Vater verehren,
denn durch Ihn kann der schöpferische Geist in uns
das unvergängliche Reich entfalten!
Die Heilige Weisheit befreit alle Menschen von Furcht,
weitet das Herz und erleichtert das Gewissen!
Heilige Weisheit!
Verstehen, das sich immer entfaltet,
fortwährend und ohne Ende,
kann nicht erlangt werden
durch die heiligen Schriftrollen.
Unwissenheit ruiniert die meisten Menschen,
die Gestorbenen
und die Sterbenden gleichermaßen.
Wenn Unwissenheit
durch die Heilige Weisheit ersetzt wird,
kommt Süße und Fruchtbarkeit
in unser Land und auf unsere Felder zurück,

mit Gesundheit und Heilkraft,
mit Wachstum und Vermehrung,
Korn und Gras in Hülle und Fülle,
und durch die Wüste werden
Ströme des Friedens fließen.

»Engel der Weisheit, steige zu mir herab und erfülle alle meine Gedanken mit Weisheit!«

Wisset, o Söhne des Lichts, dass unsere Gedanken so stark sind wie ein Blitzstrahl, der durch den Sturm hervorbricht und einen mächtigen Baum zersplittert. Darum musstet ihr sieben Jahre warten, um zu lernen, wie man mit den Engeln spricht, da ihr nichts wisst über die Macht eurer Gedanken. Darum benutzt die Weisheit in allem, was ihr denkt und sprecht und tut. Denn wahrlich, ich sage euch, was ohne Weisheit getan wird, ist wie ein Pferd ohne Reiter, mit schäumendem Mund und wilden Augen, das verrückt in einen gähnenden Abgrund rennt.

Wenn aber der Engel der Weisheit eure Taten bestimmt, dann ist der Pfad zu den unbekannten Bereichen offen, und Ordnung und Harmonie bestimmen euer Leben.

Denken wurde von den Essenern sowohl für eine kosmische als auch für eine Gehirnfunktion gehalten. Sie nahmen an, dass ein kosmisches Gedankenmeer das gesamte Weltall durchdringt, das alle Gedanken enthält. Und dieses war die mächtigste aller kosmischer Energien, unzerstörbar und unvergänglich.

Indem sich der Mensch auf alle im Weltall fließenden Gedanken und auf die Gedanken der großen Denker der Vergangenheit durch die Kommunionen mit dem Engel der Weisheit einstimmt, entwickelt er seine Fähigkeit, machtvolle harmonische Gedankenströmungen zu schaffen und intuitives Wissen und Weisheit zu erlangen.

Mit der Durchführung dieser Kommunionen erlangten die Essener die große Fähigkeit, machtvolle Gedankenströmungen zu senden und zu empfangen.

»Engel der Weisheit, gehe ein in meinen Gedankenkörper und erleuchte meine Gedanken!«

Der Gedankenkörper sendet dann höhere Gedankenströme aus und zieht sie auch an, während ich mich auf alle Gedanken der Erde und der im kosmischen Meer besinne.

Mittwoch

Einleitung
Ich betrete den ewigen und unendlichen Garten des Wunders, mein Geist in Einheit mit dem Himmlischen Vater, mein Körper in Einheit mit der Erdenmutter, mein Herz in Harmonie mit meinen Brüdern, den Söhnen der Menschen, schenke ich meinen Geist, meinen Körper und mein Herz der heiligen, reinen und erlösenden Lehre, jener Lehre, die von alters her Enoch bekannt war.

Morgenkommunion – Engel der Erde

Die vierte Kommunion
haltet mit dem Engel der Erde,
der Korn und Trauben
aus fruchtbarer Erde hervorbringt
und Kinder aus den Lenden von Mann und Frau.
Dem, der die Erde bestellt
mit dem linken und rechten Arm,
schenkt sie Frucht und Getreide
im Überfluss.
Goldenbeglänzte Pflanzen
entsprießen im Frühling der Erde
so weit sich der Boden ausbreitet,
so weit sich die Flüsse erstrecken,
so weit sich die Sonne erhebt,
um sich als Nahrung dem Menschen zu schenken.

Diese weite Erde preise ich,
ihren großzügigen Raum, ihre vielen Wege,
die fruchtbare Fülle, die sie hervorbringt,
deine Mutter, heilige Pflanze!
Ja, ich preise das Erdreich,
aus dem du hervorbrichst,
voll süßen Duftes, schnell wachsend;
die gute Ernte des Herrn.
Wer Korn sät, Gras und Früchte,
sät die Göttliche Ordnung.
Er soll reiche Ernte haben,
und sein Korn soll auf den Hügeln reifen.
Denen zum Lohn,
die dem Gesetz folgen,
sandte der Herr den Engel der Erde,
den Heiligen Boten der Erdenmutter,
den Pflanzen Wachstum zu bringen
und den Schoß der Frau fruchtbar zu machen,
damit die Erde nie
ohne das Lachen von Kindern sei.
Lasst uns in ihr Gott verehren!

Wir rufen die reiche Erde an!
Die Gesundheit und Glück besitzt
und mächtiger ist
als alle ihre Kreaturen!

Diese weite Erde lobpreisen wir,
von Pfaden weithin überzogen,

die erzeugende, reichlich tragende,
deine Mutter, heilige Pflanze!
Wir lobpreisen die Länder, wo du wächst,
süß duftend und schnell ausbreitend,
das gesunde Wachstum der Mutter Erde.
Wir lobpreisen den guten, den starken,
den wohltätigen Engel der Erde,
der sich am Tau des Himmels erfreut;
die Fülle der Erde
und die reiche Ernte an Korn und Trauben.
Wir lobpreisen die hohen Berge,
reich an Weiden und Wasser,
auf denen viele Ströme und Flüsse ziehen.
Wir lobpreisen die heiligen Pflanzen
des Engels des Erdreiches,
die aus seinem Boden hervorwachsen,
um Tiere und Menschen zu nähren,
und die Kinder des Lichts.
Die Erde ist die starke Bewahrerin,
die heilige Erhalterin und Versorgerin!
Wir lobpreisen die Stärke und Lebenskraft
der mächtigen Erhalterin, der Erde,
geschaffen vom Himmlischen Vater!
Wir lobpreisen die Heiler der Erde,
die das Geheimnis der Kräuter und Pflanzen kennen;
diesen Heilern hat der Engel der Erde
sein altes Wissen offenbart.
Der Herr schuf die Heilmittel aus der Erde,
und der weise Mensch soll sie gebrauchen.

War nicht das Wasser vom Holze gesüßt,
damit dessen Wert darum bekannt wurde?
Und einigen Kindern des Lichts gab der Herr
die Fähigkeit, den Menschen zu heilen
und vom Schmerz zu befreien,
um so das Gesetz zu ehren und zu erfüllen.
Und ihr Werk hat kein Ende,
und von ihnen kommt Frieden über die Erde.
Darum gebt den Heilkundigen einen Platz und ehret sie,
denn der Himmlische Vater hat sie geschaffen;
lass sie nicht von dir gehen, denn du brauchst sie.
Wir lobpreisen die Bauern der Erde,
die gemeinsam im Garten der Bruderschaft arbeiten,
in den vom Herrn gesegneten Feldern:
Wer die Erde bebaut mit dem linken und rechten Arm,
dem wird sie eine Menge Früchte hervorbringen
und gesunde grüne Pflanzen und goldenes Korn.
Süße und reiche Mengen werden aus diesem Land
von den Feldern hervorsprießen
und Gesundheit und Heilkraft,
Nährwert und Lebenskraft mitbringen.
Wer Korn, Gras und Früchte sät,
sät das Heilige Gesetz.
Er lässt das Gesetz des Schöpfers voranḱommen.
Wenn die ganze Erde zum Garten wird,
kann die ganze verkörperte Welt freiwerden
von Alter und Tod, von Verderben und Fäule,
für alle Zeiten.

Gnade und Wahrheit werden sich begegnen,
Gerechtigkeit und Frieden werden sich küssen,
Wahrheit wird aus der Erde hervorquellen
und Zufriedenheit in unserem Lande wohnen.

»Engel der Erde, mache meinen Samen fruchtbar, und mit deiner Kraft gib meinem Körper Leben!«

So, wie euer Samen neues Leben erschafft, so strömt durch die Erde der Samen des Engels der Erde; in dem Gras, in der Erde, in allem Lebendigen, das aus der Erde wächst.

Wisset, o Söhne des Lichts, dass derselbe Engel der Erde, der euren Samen in Söhne verwandelt, auch die winzige Eichel in diesen mächtigen Eichenbaum verwandelt hat und den samentragenden Weizen schafft für das Brot des Menschensohnes. Und der Same eures Körpers braucht nicht in den Körper der Frau einzudringen; denn die Macht des Engels der Erde ist von unübertrefflicher Größe, und der Engel der Erde kann das Leben des Geistes im Inneren als auch das Leben des Körpers im Außen schaffen.

Der Engel des Bodens, ein Engel der Mutter Erde, war die Macht der Zeugung und Erneuerung.

Eine bedeutende Vorstellung der Essener, ähnlich der Zoroasters (Zarathustra), war das Bestreben, immer mehr Leben in Fülle zu erzeugen. Die Absicht dieser Kommunion lag darin, die erschaffenden Kräfte des Lebens in die

Erneuerung des menschlichen Körpers zu übertragen. Sie stellten sich diese Kraft im Menschen als dieselben natürlichen Kräfte vor wie die zeugenden Kräfte der Natur in der obersten Erdschicht, die das pflanzliche Leben auf der Erde erschaffen.

Diese Kommunion bezieht sich deshalb auch auf die Erdoberfläche, wo die Dinge keimen, und auf die Kraft der Fruchtbarkeit und der Geschlechtsdrüsen und -organe. Sie lehrte die Bedeutung der lebenserzeugenden Kraft der Erde und der erneuernden Kräfte der Geschlechtsorgane im Drüsensystem. Sie machte dem Menschen die lebenserneuernden Kräfte seiner Umwelt bewusst und dadurch empfänglicher, diese starke Kraft in Anspruch zu nehmen, sie zu beherrschen, zu lenken und zu nutzen.

Die außerordentliche Fähigkeit der Essener, sich selbst zu regenerieren, beruhte vor allem darin, wie sie durch die Ausübung dieser Kommunion geschlechtliche Energien umwandeln konnten.

»Engel des Erdbodens, sende deine Kraft in meine Geschlechtsorgane und belebe meinen ganzen Körper neu!«

Indem ich so spreche, besinne ich mich auf die lebenserzeugende Erde und das wachsende Gras und fühle die Strömungen des Engels des Erdreiches, wie sie meine geschlechtliche Energie in wiederbelebende Kräfte verwandeln.

Mittagsbetrachtung – Friede mit der Menschheit

Gesegnet ist das Kind des Lichts,
das auf Erden
das Himmlische Reich errichtet,
denn es wird in beiden Welten wohnen.
Du sollst dem Gesetz der Bruderschaft folgen,
das besagt, niemand soll Reichtümer haben
und niemand soll arm sein,
und alle sollen zusammenarbeiten
im Garten der Bruderschaft.
Doch jeder soll seinem eigenen Weg folgen
und soll sein eigenes Herz zu Rate ziehen.
Denn im Unendlichen Garten
gibt es viele verschiedene Blumen:
wer will sagen, dass eine die beste ist,
weil ihre Farbe purpurn,
oder die andere begünstigt ist,
weil sie langstielig und zart?
Die Brüder mögen verschieden aussehen,
doch alle arbeiten
im Weinberg der Erdenmutter,
und alle erheben ihre Stimmen gemeinsam
zum Preise des Himmlischen Vaters.
Und gemeinsam brechen sie das Heilige Brot
und teilen in Schweigen das heilige Dankesmahl.
Es wird keinen Frieden geben
unter den Menschen,

bis nicht die Erde
ein Garten der Bruderschaft ist.
Denn wie soll Frieden sein,
wenn jeder Mensch eigennützig handelt
und seine Seele in die Sklaverei verkauft?
Du, Kind des Lichts,
verbünde dich mit deinen Brüdern,
und dann geh aus, die Wege des Gesetzes
jenen zu lehren, die hören wollen.
Wer Frieden fand
mit der Bruderschaft der Menschen
ist zum Mitarbeiter Gottes geworden.
Erkenne diesen Frieden mit deinem Geist,
ersehne diesen Frieden mit deinem Herzen,
erfülle diesen Frieden mit deinem Körper.

Dann soll der Menschensohn den Frieden mit den anderen Söhnen der Menschen suchen, sogar mit den Pharisäern und Priestern, sogar mit den Bettlern und Heimatlosen, sogar mit den Königen und Herrschern. Denn alle sind Söhne der Menschen, ungeachtet ihrer Stellung, ihres Auftrages, gleich ob ihre Augen geöffnet sind und sie die Himmlischen Königreiche sehen, oder ob sie noch in Finsternis und Unwissenheit verweilen.

Denn die Gerechtigkeit des Menschen kann die Unverdienten belohnen und die Unschuldigen bestrafen, aber das Heilige Gesetz ist für alle das gleiche, ob Bettler oder König, ob Schafhirte oder Priester.

Suchet den Frieden mit allen Menschensöhnen, und ihr sollt von den Brüdern des Lichts wissen, dass wir seit der Zeit Enochs, des Alten, und noch vorher dem Heiligen Gesetz entsprechend gelebt haben. Denn wir sind weder reich, noch sind wir arm. Wir teilen alle Güter, sogar unsere Kleidung und die Werkzeuge, mit denen wir die Erde bearbeiten. Und gemeinsam arbeiten wir auf den Feldern mit allen Engeln und bauen die Geschenke der Erdenmutter an, um alle zu crnährcn.

Denn der stärkste aller Engel des Himmlischen Vaters, der Engel der Arbeit, segnet jeden Menschen, der bei der Arbeit sein Bestes für ihn gibt, denn dann wird er weder Mangel noch Übermaß kennen.

Wahrlich, es gibt im Überfluss für alle Menschen in den Reichen der Erdenmutter und des Himmlischen Vaters, wenn jeder Mensch an seiner Aufgabe arbeitet; denn wenn ein Mensch sich vor seiner Aufgabe drückt, dann muss sie ein anderer verrichten, denn alle Güter des Himmelreiches und des Erdenreiches wurden uns zum Preis der Arbeit gegeben.

Immer haben die Brüder des Lichts dort gelebt, wo sie sich mit den Engeln der Erdenmutter treffen; in der Nähe der Flüsse, der Bäume, der Blumen, der Musik der Vögel, wo die Sonne und der Regen den Körper umarmen, der der Tempel des Geistes ist.

Weder haben wir mit den Gesetzen der Herrschenden etwas zu tun, noch beachten wir diese, denn unser Gesetz ist das Gesetz des Himmlischen Vaters und

der Erdenmutter; noch bekämpfen wir es, denn niemand regiert außer dem Willen Gottes.
Vielmehr streben wir, nach dem Heiligen Gesetz zu leben und immer das Gute in allen Dingen zu fördern; dann wird sich das Reich der Finsternis in das Reich des Lichts verwandeln, denn wo Licht ist, wie kann da Finsternis noch bestehen?

Auf diese Weise betet deshalb zu eurem Himmlischen Vater, wenn die Sonne hoch zur Mittagsstunde steht: »Unser Vater, der Du im Himmel weilst, schicke allen Menschensöhnen Deinen Engel des Friedens; und schicke der ganzen Menschheit den Engel der Arbeit, denn im Besitz einer heiligen Aufgabe bedürfen wir keiner anderen Segnungen mehr.«

Abendkommunion – Engel des Ewigen Lebens

Die vierte Kommunion
haltet mit dem Engel des Ewigen Lebens,
der die Botschaft der Ewigkeit
dem Menschen bringt.
Denn wer mit den Engeln wandelt,
soll lernen, über den Wolken zu schweben,
und seine Heimat
soll im Ewigen Meer sein,
wo der geheiligte Lebensbaum steht.

Warte nicht, dass der Tod
das große Geheimnis enthüllt.
Wenn ihr euren Himmlischen Vater nicht
kennt, solange eure Füße im Staub gehen,
wird es für euch nichts als Schatten im
künftigen Leben geben.
Hier und jetzt wird das Geheimnis enthüllt.
Hier und jetzt wird der Vorhang gehoben.
O Mensch, hab keine Furcht!
Halte dich fest an den Flügeln des
Engels des Ewigen Lebens
und schwinge dich hinauf zu den Sternen,
dem Mond und der Sonne
und dem endlosen Licht,
die in immer wiederholenden Runden
auf ewig ihre Kreise ziehen,
und fliege dem Himmlischen Meer
des Ewigen Lebens entgegen.

Und Enoch ging mit Gott,
und er war nicht, denn Gott nahm ihn.

Auf Erden ward kein Mensch geschaffen wie Enoch,
denn er war entstanden aus der Erde.
Er war wie der Morgenstern inmitten von Wolken
und wie der volle Mond:
wie die Sonne den Tempel des Höchsten bescheint
und der Regenbogen sein Licht
in die strahlenden Wolken wirft,

wie die blühenden Rosen im Frühling
und die Lilien an den Flüssen,
wie die Zweige des Weihrauchbaumes
zur Sommerzeit,
wie ein voller Ölbaum mit sprießender Frucht,
und wie ein Zypressenbaum,
der den Wolken entgegenwächst.
Der erste, der dem Gesetz folgte, war Enoch,
der erste der Heiler und Weisen,
der Glückliche, der Wunderbare, der Starke,
der das Leid von Krankheit und Tod vertrieb.
Er erwarb die Quelle der Heilmittel,
um dem Leid von Krankheit und Tod,
um Schmerz und Fieber,
um dem Bösen und der Ansteckung zu widerstehen,
die aus Unkenntnis des Gesetzes
gegen die Körper der Sterblichen entstanden waren.
Wir rufen dich an, Enoch,
Meister des Lebens,
Gründer unserer Bruderschaft,
Mann des Gesetzes,
Weisester aller Lebewesen,
Maßstab aller Menschen,
der Strahlendste aller Lebewesen,
der Ehrwürdigste,
am würdigsten für ein Bittgebet,
der Verehrungswürdigste aller Wesen.
Er erdachte als Erster, was gut ist,
er sprach als Erster, was gut ist,

und tat als Erster, was gut ist.
Er war der erste Priester
und pflügte als erster den Boden.
Er kannte und lehrte als erster das Wort
und auch den Gehorsam zum Heiligen Gesetz.
Allen Kindern des Lichts
gab er all die wunderbaren Dinge des Lebens:
Er überbrachte als erster das Gesetz.
So steht es geschrieben, es sind
die Worte des Vaters Enoch:
Wir rufen zum Schöpfer,
dem Himmlischen Vater,
und den strahlenden und wunderbaren Engeln.
Wir geben uns hin dem leuchtenden Himmel,
der strahlenden, ewig glücklichen,
seligen Weisheit,
den heiligen Engeln der Ewigkeit.
Gewähre uns, Du Himmlischer Vater,
das Verlangen und das Wissen um den geraden Weg,
der geradlinigste,
durch die Himmlische Ordnung des Lebens,
so vollkommen,
wie das Leben der Engel,
strahlend, überaus wunderbar.
So vorzüglich wie Gesundheit
ist auch das ewige Leben,
die beide aus der Göttlichen Ordnung hervorgehen,
dem Schöpfer der Güte des Geistes,
und der Handlungen im Leben,

die aus Hingabe
an den Schöpfer des Ewigen Lebens geschehen.
Wir geben uns hin dem höchsten Himmel,
wir geben uns hin der unbegrenzten Zeit,
wir geben uns hin
dem unendlichen Meer des Ewigen Lebens.
Wir bitten um das Höchste Gesetz.
Wir bitten um das Himmlische Reich,
die unermessliche Zeit und die Engel.
Wir rufen Dich zu uns, Du Ewiges, Heiliges Gesetz.
Wir folgen den Spuren der Sterne,
des Mondes, der Sonne und des unendlichen Lichtes,
die auf ihren ewigen Bahnen kreisen.
Und Wahrhaftigkeit im Denken, Sprechen und Handeln
wird die Seele des gläubigen Menschen
im unendlichen Licht des Ewigen Lebens aufnehmen.
Ich gehörte zum Himmlischen Vater
schon zu Anbeginn Seines Weges,
noch vor Seinen Werken.
Ich wurde gebildet aus dem Immerwährenden,
von Anfang an,
noch bevor die Erde entstand.
Als es noch keine Tiefen gab, da wurde ich erschaffen:
Und Er hatte noch nicht die Erde geschaffen,
nicht die Felder,
nicht die Anfänge des Staubes dieser Welt.
Als Er die Himmel erschuf, da war ich schon da.
Als Er einen Kreis ins Antlitz der Tiefe zog;
als Er den Himmel über uns formte;

als der Quell der Tiefe kräftig wurde;
als Er dem Meer seine Grenzen gab,
damit das Wasser nicht Sein Gesetz überschreite;
als Er den Grundriss der Erde zog,
da war ich bei Ihm als Sein Meistergehilfe.
Und ich ward Ihm zur täglichen Freude,
und voll Freude von Ihm erfüllt;
frohlockte in Seiner bewohnbaren Erde,
und meine Freude war mit den Menschensöhnen.
Denn ewig regiert der Himmlische Vater.
Er ist von Würde und Stärke umgeben.
Er währet ewiglich!
Die Fluten haben sich gehoben, o Herr;
die Fluten haben ihre Stimme erhoben;
die Fluten haben ihre Wellen hoch getürmt.
Der Himmlische Vater hoch oben
ist mächtiger als der Lärm der vielen Wasser,
ja, mächtiger als die gewaltigen Wellen des Meeres.
Sein Name wird währen ewiglich;
Sein Name wird bestehen, so lang wie die Ewigkeit,
und alle Kinder des Lichts werden durch Ihn gesegnet,
und alle Menschen werden Ihn den Gesegneten nennen.
Lass die ganze Erde erfüllt sein
mit der Herrlichkeit des Himmlischen Vaters,
der Erdenmutter
und aller Heiligen Engel.

Ich habe die innere Vision erlangt,
und durch Deinen Geist in mir,

habe ich das wundersame Geheimnis erfahren.
Durch Deine mystische Einsicht
hast Du eine Quelle des Wissens geschaffen,
die in mir hoch sprudelt;
einen Quell voller Kraft
mit lebendigem Wasser,
eine Flut voller Liebe
und alles umschließender Weisheit
wie der Glanz des Ewigen Lichts.

»Engel des Ewigen Lebens, steige herab in mich und gib meinem Geist das Ewige Leben!«

Nun schließt eure Augen, Söhne des Lichts, und im Schlaf vergegenwärtigt euch die Einheit des Lebens überall. Denn wahrlich, ich sage euch, während der Stunden des Tageslichtes sind unsere Füße am Boden, und wir haben keine Flügel, mit denen wir fliegen. Aber unser Geist ist nicht an die Erde gebunden und mit dem Herannahen der Nacht überwinden wir unsere Bindung an die Erde und treffen uns mit dem, was ewiglich ist. Denn der Menschensohn ist nicht nur das, als was er erscheint, und nur mit den Augen des Geistes können wir jene goldenen Fäden erkennen, die uns mit dem Leben überall verbinden.

Die Essener nahmen an, dass der Zweck des Weltalls nur im Ewigen Leben liegen konnte; in der Unsterblichkeit. Dies kann vom Menschen erlangt werden, wenn er fortschreitend die Voraussetzungen dafür schafft, dass seine eigene Entwicklung eine ständig höhere Stufe erklimmen kann. Sie waren überzeugt davon, dass es für diesen Fortschritt keine Grenzen gebe, da der Kosmos eine unerschöpfliche Quelle von Energien ist, die dem Menschen zur Verfügung stehen, wenn er seine Wahrnehmungsorgane und -zentren vervollkommnet.

Durch diese Kommunion kann der Mensch ein intuitives Wissen über die Ewigkeit des Lebens im Universum erwecken und seine eigene Einheit mit diesem Ewigen Leben und der ganzen kosmischen Ordnung verwirklichen. Durch sie erlernt er die Bedeutung, die Schwerkraft der irdischen Gedankenströmungen zu überwinden und sich der Aktivität höherer Schwingungen und ihrer Rolle für die Entwicklung des einzelnen und der Planeten bewusst zu werden

Die Überwindung dieser Schwerkraft auf Aufnahme und Verwendung der höheren Schwingungen dieses und aller anderen Planeten war die höchste mystische Errungenschaft der Essener.

»Engel des Ewigen Lebens, sinke in mich herab und gib meinem Geist das Ewige Leben!«

Wenn diese Worte gesprochen sind, besinne ich mich auf die Vereinigung mit den Gedankenströmen höherer Planeten und gewinne so die Kraft, den Einflussbereich der Schwerkraft irdischer Gedankenströme zu überwinden.

Donnerstag

Einleitung

Ich betrete den ewigen und unendlichen Garten des Wunders, mein Geist in Einheit mit dem Himmlischen Vater, mein Körper in Einheit mit der Erdenmutter, mein Herz in Harmonie mit meinen Brüdern, den Söhnen der Menschen, schenke ich meinen Geist, meinen Körper und mein Herz der heiligen, reinen und erlösenden Lehre, jener Lehre, die von alters her Enoch bekannt war.

Morgenkommunion – Engel des Lebens

Die fünfte Kommunion
haltet mit dem Engel des Lebens,
der dem Menschen Stärke und Kraft gibt.
Denn siehe, wenn das Wachs nicht rein ist,
kann die Kerze keine stetige Flamme hergeben.
Also gehe zu den hochragenden Bäumen,
und vor einem von ihnen,
der schön ist, hochgewachsen und mächtig,
sage diese Worte:
»Heil sei dir, o guter lebendiger Baum,
vom Schöpfer erschaffen!«
Dann soll der Lebensstrom zwischen dir
und deinem Bruder, dem Baum, fließen,
und Gesundheit deines Körpers,
Schnelligkeit der Füße,

gutes Gehör,
Stärke der Arme
und die Sehkraft des Adlers dein sein.
So ist der Bund
mit dem Engel des Lebens,
dem Heiligen Boten der Erdenmutter.

Sei deinem Schöpfer dankbar,
denn Er gab dir das Leben!

Suche das Gesetz nicht in deinen Schriften,
denn das Gesetz ist das Leben;
und die Schriften sind nur Worte.
Wahrlich, ich sage dir,
Moses erhielt die Gebote Gottes
nicht aufgeschrieben,
sondern durch das lebendige Wort.
Das Gesetz ist lebendiges Wort des lebendigen Gottes
an lebende Propheten für lebende Menschen.
Das Gesetz ist überall im Leben eingeschrieben:
es ist im Gras und in Bäumen,
in Flüssen, Bergen und den Vögeln des Himmels,
in den Geschöpfen des Waldes und den Fischen des
Meeres;
aber vor allem findet ihr es in euch selbst.
Alle lebenden Dinge sind Gott näher
als die Schriften, die ohne Leben sind.
So hat Gott das Leben erschaffen und alles Lebendige,
dass es durch das immerwährende Wort

die Gesetze des Himmlischen Vaters
und der Erdenmutter
die Menschensöhne lehren möge.
Gott schrieb die Gesetze nicht auf Buchseiten,
sondern in dein Herz und in deinen Geist.
Sie sind in deinem Atem, deinem Blut, deinen Knochen,
in deinem Fleisch, deinen Augen und deinen Ohren
und in jedem kleinsten Teil deines Körpers.
Sie sind gegenwärtig in der Luft, im Wasser,
in der Erde, in den Pflanzen, in den Sonnenstrahlen,
in den Tiefen und Höhen.
Sie alle sprechen zu dir,
damit du die Sprache und den Willen
des lebendigen Gottes verstehst.
Die Schriften sind das Werk des Menschen,
aber das Leben und seine Wesen sind das Werk Gottes.
Zuerst, o großer Schöpfer,
hast Du die Himmlischen Mächte erschaffen
und offenbartest das Himmlische Gesetz.
Du gabst uns Verstehen
aus Deinem eigenen Geist
und hast unser körperliches Leben erschaffen.
Wir danken Dir, Himmlischer Vater,
für all die vielfältigen Geschenke des Lebens;
für die kostbaren Dinge des Himmels, für den Tau,
für die wertvollen Früchte, die die Sonne hervorbringt,
für die edlen Dinge, die der Mond erzeugt,
für die großen Dinge der alten Berge,
für die kostbaren Dinge der dauernden Hügel

und für die schönen Dinge der Erde.
Wir sind Dir dankbar, o Himmlischer Vater,
für die Kraft der Gesundheit, die Gesundheit des Körpers,
für die Weisheit,
die glänzenden, klaren Augen, die leichten Füße,
das schnelle Gehör der Ohren, die Stärke der Arme
und die Sicht des Adlers.
Für die vielen Geschenke des Lebens
verehren wir das Feuer des Lebens
und das Heilige Licht der Himmlischen Ordnung.
Wir verehren das Feuer,
das gute und freundliche,
das Feuer des Lebens!
Das stützende, das freigebige,
das Feuer, das das Haus des Herrn ist!
Betrachte das Kind des Lichts,
das mit dem Engel des Lebens sich verbündet:
siehe seine Stärke in seinen Lenden,
und seine Kraft in den Muskeln seiner Brust.
Es bewegt seine Beine wie eine Zeder:
Die Sehnen seiner Hüften sind eng verknüpft,
seine Knochen wie Messingrohre,
seine Glieder wie Eisenstäbe.
Es isst vom Tische der Mutter Erde
und das Gras der Felder und das Wasser der Ströme
ernähren ihn;
gewiss, die Berge bringen ihm Nahrung hervor.
Gesegnet sei seine Stärke und Schönheit,
denn er dient dem Gesetz.

Ein Heiligtum des Heiligen Geistes
ist der Körper, in dem das Feuer des Lebens
mit Ewigem Licht brennt.
Wir danken Dir, Himmlischer Vater,
denn Du hast uns an eine Quelle
fließender Ströme gesetzt,
an einen lebendigen Springbrunnen
in einem trockenen Land,
um den Ewigen Garten der Wunder zu wässern,
den Lebensbaum, das Geheimnis der Geheimnisse,
der immerwährende Zweige für ewiges Wachstum treibt,
die ihre Wurzeln in den Fluss des Lebens
aus der Ewigen Quelle eintauchen.

»Engel des Lichts, trete kraftvoll in die Glieder meines Körpers!«

Und mit diesen Worten umarme den Baum des Lebens, so wie ich dessen Bruder, die Eiche, umarme, und ihr werdet die Kraft des Engels des Lebens spüren, der in eure Arme, in eure Beine und in euren ganzen Körper fließt, so wie der Saft im Frühling in den Bäumen fließt oder aus dem Stamm herausrinnt, so wird der Engel des Lichts euren Körper mit der Kraft der Erdenmutter durchströmen.

Diese Kommunion war dem Leben gewidmet, der Gesundheit und der Lebenskraft des Organismus des Menschen und des ganzen Planeten und führte so zu einer lebendigen Einheit zwischen ihnen. Sie lehrte dem Menschen die Bedeutung der Lebenskraft für sein Wohlbefinden und machte ihm all die unzähligen Wirkungen der Lebenskraft in seiner Umgebung bewusst; so befähigte ihn diese Kommunion die Lebenskraft an jeden Teil seines Körpers in der gewünschten Stärke zu lenken.

Sie gab den Essenern ihre bewundernswerte Fähigkeit, Lebenskraft zu schöpfen, besonders aus Bäumen und Wäldern.

»Engel des Lebens, ströme in meine Glieder und gib Kraft meinem ganzen Körper!«

Nun besinne ich mich auf Bäume, während ich spüre, wie ich die Lebenskräfte von Bäumen und Wäldern in mich aufnehme.

Mittagsbetrachtung – Friede mit der Weisheit aller Zeiten (Kultur)

Gesegnet ist das Kind des Lichts,
das das Buch des Gesetzes studiert,
denn es soll wie eine Fackel
im Dunkel der Nacht sein
und eine Insel der Wahrheit
in einem Meer von Falschheit.
Denn wisset, das geschriebene Wort,
das von Gott kommt,
ist ein Abglanz des Himmlischen Meeres,

so wie die leuchtenden Sterne
das Antlitz des Himmels spiegeln.
Wie die Worte der Alten
mit der Hand Gottes
in die Heiligen Schriftrollen eingeritzt sind,
so ist das Gesetz eingegraben
in die Herzen der Gläubigen,
die sie studieren.
Denn man berichtet aus alten Zeiten,
dass es am Anfang Riesen auf Erden gab
und große Männer der Vorzeit,
die hohes Ansehen genossen.
Und die Kinder des Lichts
sollen ihr geschriebenes Wort
behüten und bewahren,
damit wir nicht wieder wie Tiere werden
und das Reich der Engel nicht kennen.
Wisst auch, dass ihr nur
durch das geschriebene Wort
das ungeschriebene Gesetz findet,
so wie der Quell, der dem Grunde entspringt,
einen verborgenen Ursprung hat
in den geheimen Tiefen der Erde.
Das geschriebene Gesetz ist das Mittel,
um das ungeschriebene Gesetz zu verstehen,
so wie der stumme Zweig eines Baumes
eine singende Flöte wird
in des Schäfers Händen.
Es sind ihrer viele,

die im ruhigen Tal des Unwissens bleiben wollen,
wo Kinder spielen und Schmetterlinge
die kurze Zeit des Lebens
in der Sonne dahin tanzen.
Aber niemand kann dort lange verweilen,
denn vor ihnen türmen sich
die düsteren Berge des Lernens auf.
Viele gibt es, die den Anstieg fürchten,
und viele sind zerschlagen und blutend
von ihren steilen, zerklüfteten Hängen
herabgestürzt.
Doch Glaube ist ein Führer
über die klaffenden Schluchten
und Ausdauer eine fester Stand im schartigen Fels.
Jenseits der eisigen Gipfel des Ringens
liegt der Unendliche Garten der Weisheit
in Frieden und Schönheit,
wo der Sinn des Gesetzes
den Kindern des Lichts bekannt gemacht wird.
Hier im Mittelpunkt seiner Wälder
steht der Baum des Lebens,
Geheimnis aller Mysterien.
Wer Frieden gefunden hat
in den Lehren der Alten,
durch das Licht der Natur
und durch das Studium des Heiligen Wortes,
hat die wolkengefüllte Halle der Alten betreten,
wo die Heilige Bruderschaft wohnt,
von der niemand sprechen darf.

Erkenne diesen Frieden mit deinem Geist,
ersehne diesen Frieden mit deinem Herzen,
erfülle diesen Frieden mit deinem Körper.

Dann soll der Menschensohn Frieden mit dem Wissen der alten Zeit suchen; denn wahrlich, ich sage euch, in den Heiligen Schriftrollen ist ein Schatz, hundertmal größer als jedweder Edelstein und Gold in den reichsten Königtümern und kostbarer, denn wahrlich, sie enthalten alle Weisheit, die Gott den Söhnen des Lichts offenbart hat; sogar jene Traditionen, die uns von Enoch überliefert wurden und noch vor ihm, auf einem endlosen Weg in die Vergangenheit; die Lehren der Großen.

Und dies ist unser Erbe, so wie der Sohn alle Besitztümer seines Vaters erbt, wenn er sich seines Vaters Segen als würdig erweist. Wahrlich, durch das Studieren der Lehren der zeitlosen Weisheit können wir Gott kennenlernen, denn ich sage euch, wahrlich, die Großen sahen Gott von Angesicht zu Angesicht, so wie wir die Füße Gottes berühren, wenn wir die Heiligen Schriftrollen lesen.

Und wenn wir einmal mit den Augen der Weisheit sehen und mit den Ohren des Verstehens die zeitlosen Wahrheiten der Heiligen Schriftrollen verstehen, dann müssen wir uns unter die Menschen begeben und sie belehren; denn wenn wir das Heilige Wissen eifersüchtig verbergen, vorgeben, es gehöre nur uns, dann sind wir wie einer, der eine Quelle hoch im

Gebirge findet und anstatt sie in das Tal fließen zu lassen, um den Durst von Mensch und Tier zu stillen, sie unter Steinen und Dreck begräbt und sich dabei selbst des Wassers beraubt.

Geht unter die Menschensöhne und berichtet ihnen vom Heiligen Gesetz, auf dass sie sich selbst erretten und die Himmlischen Reiche betreten können. Aber redet zu ihnen mit Worten, die sie verstehen können, in Gleichnissen aus der Natur, die zum Herzen sprechen, denn die Tat muss zuerst als Wunsch in dem erwachten Herzen leben.

Auf diese Weise betet deshalb zu eurem Himmlischen Vater, wenn die Sonne hoch zur Mittagsstunde steht: »Unser Vater, der Du im Himmel weilst, schicke allen Menschensöhnen Deinen Engel des Friedens; auch schicke unserem Wissen den Engel der Weisheit, auf dass wir auf dem Weg der Großen, die das Antlitz Gottes sahen, wandeln mögen.«

Abendkommunion – Engel der schöpferischen Arbeit

Die fünfte Kommunion
haltet mit dem Engel der Arbeit,
der im Summen der Bienen singt,
die unablässig den goldenen Honig bereiten;
in der Flöte des Schäfers, der nicht ruht,

damit seine Herde sich nicht verläuft;
im Gesang der Jungfrau,
wenn sie Hand an die Spindel legt.
Und wenn du glaubst, dass dieses
in den Augen des Herrn
nicht ebenso viel wiegt
wie das erhabenste der Gebete,
die vom höchsten Berge wieder tönen,
dann irrst du dich sehr.
Denn die Arbeit demütiger Hände
ist ein tägliches Dankgebet,
und die Musik des Pfluges
ist ein froher Gesang auf den Herrn.
Wer das Brot der Faulheit isst,
muss des Hungers sterben,
denn ein Feld von Steinen
kann nur Steine hervorbringen.
Für ihn hat der Tag keinen Sinn,
und die Nacht ist voller böser Träume.
Der Geist der Faulen
ist voll vom Unkraut der Unzufriedenheit;
aber wer mit dem Engel der Arbeit lebt,
hat in sich ein immer fruchtbares Feld,
wo Korn und Trauben
und alle Arten süß duftender Kräuter
und Blumen in Fülle wachsen.
Was ihr sät, das werdet ihr ernten.
Der Mann Gottes, der seine Aufgabe fand,
soll keinen anderen Segen erbitten.

Wer hat die Meere gemessen
in seiner hohlen Hand
und den Himmel ausgemessen
mit gespreizter Hand
und den Staub der Erde
ergriffen in einem Maß
und das Gewicht der Gebirge gewogen
und die Hügel ins Gleichgewicht gebracht?

Die Sonne geht auf,
die Brüder und Schwestern versammeln sich
und gehen zu ihrer Arbeit in die Felder;
mit starkem Rücken und heiterem Herzen gehen sie
hin
zur gemeinsamen Arbeit im Garten der Gemeinschaft.
Sie sind die Arbeiter des Guten,
denn sie wirken die Güte des Himmlischen Vaters.
Sie sind der Geist, das Gewissen
und die Seele derjenigen,
die das Gesetz lehren und darum ringen.
Mit dem rechten Arm und mit dem linken
pflügen sie den Boden,
und die Wüste bricht aus
in grünen und goldenen Farben.
Mit dem rechten Arm und mit dem linken
legen sie die Steine,
mit denen sie das Himmlische Reich auf Erden erbauen.
Sie sind die Boten des Engels der Arbeit:
in ihnen offenbart sich das Heilige Gesetz.

O Himmlischer Vater! Wie vielfältig sind Deine Werke!
Du hast sie in Weisheit erschaffen;
die Erde ist voll Deiner Gaben.
Du schickst das Wasser der Quellen in die Täler
und lässt es an den Hügeln vorbeiziehen.
Du gibst jedem Tier auf dem Feld zu trinken
und lässt das Gras wachsen für das Vieh.
Du setzt die mächtigen Bäume an ihren Platz,
so dass die Vögel des Himmels ein Heim finden
und lieblich zwischen den Zweigen singen.
Du lässt die Kräuter zum Dienste der Menschen
wachsen,
damit er Nahrung schaffe aus der Erde.
In den Händen der Brüder
tragen alle Deine Geschenke Früchte,
denn sie erbauen auf Erden das Himmlische Reich.
Du öffnest Deine Hand, und jene sind mit Güte erfüllt.
Du sendest Deinen Geist, und jene sind erschaffen,
und zusammen mit Deinen Heiligen Engeln,
wirst Du das Antlitz der Erde erneuern.
O, Du Himmlischer Vater!
Der du bist der Einzigste!
Offenbare Dich den Kindern des Lichts.
Welches ist der vorgesehene Ort,
an dem die Erde die größte Freude erlebt?
Und der Himmlische Vater antwortet und spricht:
»Es ist der Ort, wo einer der Brüder,
die das Heilige Gesetz befolgen, sich hervorhebt:
mit seinen guten Gedanken,

guten Worten und Taten!
Dessen Rücken von Arbeit gestärkt,
dessen Hände nicht müßig
und der seine Stimme
in vollem Einklang mit dem Gesetz erhebt.«
Dieser Ort ist heilig, wo einer der Brüder
fleißig das Korn sät und das Gras und die Früchte,
den trockenen Boden bewässert
oder zu nassen Boden entwässert.
Denn die Erde wurde in Obhut gegeben
den Kindern des Lichts,
um sie zu schützen und für sie zu sorgen
und um aus ihren Tiefen nur das zu holen,
was den Körper ernährt.
Gesegnet sind die Kinder des Lichts,
deren Freude im Wirken des Gesetzes liegt,
die des Tags im Garten der Bruderschaft arbeiten
und sich des Nachts
den Engeln des Himmlischen Vaters anvertrauen.
Ihre Lippen erzählen,
was den Menschen als Lehre diene.
Es wird berichtet,
dass sich die Bäume in alten Zeiten entschlossen,
einen König über sich zu erküren;
und sie sprachen zu dem Olivenbaum:
»Regiere du über uns!«
Doch der Olivenbaum antwortete ihnen:
»Soll ich meine Ölhaltigkeit aufgeben,
mit der die Menschen Gott ehren,

um mich über die Bäume erheben zu lassen ?«
Und die Bäume sprachen zum Feigenbaum:
»Komm du und regiere über uns!«
Doch der Feigenbaum antwortete ihnen:
»Soll ich meine süßen, guten Früchte aufgeben
und mich über die Bäume erheben lassen?«
Da sprachen die Bäume zum Rebstock:
»Komm du und regiere über uns!«
Und der Rebstock antwortete ihnen:
»Soll ich meine Trauben verlieren,
die Gott und den Menschen erfreuen,
und mich über die Bäume erheben lassen?«
Der Mensch des Gesetzes, der seine Aufgaben erfüllt,
benötigt keine weiteren Segnungen.

»Engel der schöpferischen Arbeit, steige herab auf die Erde und gib all den Menschensöhnen im Überfluss!«

Denn dieser mächtigste aller Engel des Himmlischen Vaters ist der Auslöser der Bewegung, und nur in der Bewegung ist Leben. Arbeitet, o Söhne des Lichts, im Garten der Bruderschaft, um das Königreich des Himmels auf der Erde zu erschaffen. Und wenn ihr arbeitet, so wird der Engel der schöpferischen Arbeit den Samen in eurem Geist nähren und reifen lassen, auf dass ihr Gott schaut.

Diese Kommunion war all den großartigen Dingen gewidmet, die durch menschliche Arbeit geschaffen wurden; die großen Meisterwerke der Literatur, Kunst, Wissenschaft, Geisteswissenschaft – und alles, was der Mensch über die Natur hinaus entwickelt hatte; die großen Werke, die von den vorausgegangenen Generationen hervorgebracht und von den heutigen geerbt wurden.

Die Bestimmung dieser Kommunion lag darin, die Bedeutung schöpferischer Arbeit und ihre überragende Rolle in der Entwicklung des einzelnen zu lehren. Sie beabsichtigte auch, ihm die Aufnahme der Energien und Kräfte aus den schöpferischen Werken der Menschheit, allen Meisterwerken, zu ermöglichen und diese Kräfte in allen Ausdrucksformen seines Bewusstseins zu nutzen.

In den Essener-Bruderschaften führte jeder irgendeine schöpferische Arbeit aus, ob nun für die eigene Vervollkommnung, für die Bruderschaft oder die Menschheit. Für die Essener war die schöpferische Arbeit der beste Ausdruck der Liebe.

»Engel der schöpferischen Arbeit, befruchte die Menschheit und gib allen Menschen in Fülle!«

In der Kontemplation richte ich mich auf die Arbeit der Bienen und auf die schöpferische Arbeit der Menschheit in allen existierenden Lebensbereichen.

Freitag

Einleitung
Ich betrete den ewigen und unendlichen Garten des Wunders, mein Geist in Einheit mit dem Himmlischen Vater, mein Körper in Einheit mit der Erdenmutter, mein Herz in Harmonie mit meinen Brüdern, den Söhnen der Menschen, schenke ich meinen Geist, meinen Körper und mein Herz der heiligen, reinen und erlösenden Lehre, jener Lehre, die von alters her Enoch bekannt war.

Morgenkommunion – Engel der Freude

Die sechste Kommunion
haltet mit dem Engel der Freude,
der auf die Erde herabkommt,
allen Menschen Schönheit zu schenken.
Denn nicht mit Traurigkeit wird Gott angebetet,
noch mit Schreien der Verzweiflung.
Gib dein Jammern und Klagen auf
und sing dem Herrn ein neues Lied:
die ganze Erde singe dem Herrn.
Lass die Himmel jubeln
und die Erde froh sein,
lass das Feld fröhlich sein
und die Wasserfluten in die Hände klatschen.
Lass die Hügel sich miteinander freuen
vor dem Herrn!

Denn du sollst voller Freude hinausgehen
und in Frieden wandeln.
Die Berge und Hügel
sollen vor dir in Gesang ausbrechen.
Engel der Freude,
Heiliger Bote der Erdenmutter.
ich will dem Herrn singen,
solange ich lebe,
ich will den Herrn preisen,
solange ich bin.

Die Himmel lächeln, die Erde feiert,
die Morgensterne singen im Chor
und alle Kinder des Lichts jubeln vor Freude.

O, singe dem Himmlischen Vater ein neues Lied:
singe es der Erdenmutter, der ganzen Erde.
Lass die Himmel sich freuen und die Erde froh sein,
lass die Meere brausen und die Fülle des Ewigen Lebens.
Lass das Feld sich freuen und alles, was darauf wächst,
dann werden alle Bäume des Waldes
vor dem Heiligen Gesetz frohlocken.
Singet dem Himmlischen Vater voll Freude,
all ihr Himmel der Himmel,
und ihr Wasser, die über ihnen sein mögen,
all ihr Berge und Hügel,
ihr stürmischen Winde, die Sein Wort erfüllen;
fruchtbare Bäume und alle Zedern,
Rinder und alles Vieh,

Kriechtiere und Flughühner,
Könige der Erde und alle Menschen,
Prinzen und alle Richter der Erde,
junge Männer und Frauen,
alte Menschen und Kinder.
Singet dem Herrn mit der Harfe
und stimmt an einen Psalm.
Mit Trompeten und dem Klang der Pfeifen
macht freudige Klänge vor den Engeln.
Lasst die Fluten in die Hände klatschen,
lasst die Hügel froh beisammen sein vor dem Herrn.
Macht freudige Musik dem Herrn, all ihr Länder.
Dient dem Himmlischen Vater und der Erdenmutter
mit Fröhlichkeit und Freude:
zeigt euch vor ihnen mit Gesang.
Der Geist des Heiligen Gesetzes ist über mir,
weil die Ältesten mich salbten,
um frohe Nachrichten den Demütigen zu bringen.
Sie sandten mich,
um die gebrochenen Herzen zu verbinden,
den Sklaven Freiheit zu verkünden
und die Öffnung der Gefängnisse den Gefangenen;
alle Trauernden zu trösten,
ihnen den Heiligen Engel der Freude zu senden,
ihnen Schönheit für Asche zu geben,
das Öl der Freude für die Trauer,
das Kleid des Lichts für den Geist der Schwere;
denn das Weinen mag eine Nacht dauern,
doch die Freude kommt am Morgen.

Die Leute, die in der Dunkelheit gehen,
sollen großes Licht sehen,
und auf jene, die im Land der Todesschatten leben,
soll das Licht des Heiligen Gesetzes scheinen.
Fallt herunter, ihr Wolken,
und lasst die Himmel ihr Glück ausschütten;
lass traurige Menschen in Freude weggehen
und sich vom Frieden leiten.
Lass die Berge und Hügel vor ihnen singen,
dass sie an der Heiligen Feier teilnehmen
und von den Früchten des Lebensbaumes essen,
der im Meer der Ewigkeit steht.
Ihnen soll die Sonne nie mehr nur Tageslicht sein,
noch soll der Mond nur für den Glanz ihnen Licht geben:
denn das Gesetz wird für sie zum immerwährenden Licht,
und der Himmlische Vater und die Erdenmutter
werden ihnen ewige Herrlichkeit sein.
Ihre Sonne wird nie mehr untergehen,
noch wird sich der Mond vor ihnen zurückziehen,
denn das Gesetz wird für sie zum ewigen Licht;
und die Tage der Trauer werden zu Ende gehen.
Ich will mich ganz am Heiligen Gesetz erfreuen,
und meine Seele wird fröhlich in den Engeln wohnen;
denn sie haben mir die Kleider des Lichts überzogen
und mich mit Gewändern der Freude bedeckt.
So, wie die Erde Knospen hervorbringt,
und so, wie der Garten seine Samen aufgehen lässt,
so wird der Himmlische Vater dem Heiligen Gesetz befehlen,
mit Fröhlichkeit und Freude aufzugehen

vor allen Kindern des Lichts.
Im Garten der Bruderschaft
scheint die ganze Erde mit Helligkeit
und unbeschränkter Freude,
denn dort sind die Samen des Heiligen Gesetzes gesät.
Das Gesetz ist das beste aller Güter
für die Kinder des Lichts,
denn es gibt ihnen Glanz und Herrlichkeit,
Gesundheit und Stärke des Körpers,
langes Leben in Vereinigung mit den Engeln
und ewige und unablässige Freude.
Wir singen dem Himmlischen Vater
und der Mutter Erde und allen Engeln,
solange wir leben im Garten der Bruderschaft.
Wir lobpreisen das Heilige Gesetz
für immer und ewig.

»Engel der Freude, steige hinab auf die Erde, verströme Schönheit und Freude auf alle Kinder der Erdenmutter und des Himmlischen Vaters!«

Und ihr werdet zu den Blumenfeldern nach dem Regen gehen und eurer Erdenmutter für den süßen Duft der Blüten danken, denn wahrlich, ich sage euch, eine Blume hat keinen anderen Zweck, als Freude in das Herz des Menschensohnes zu bringen.

Und ihr werdet mit neuen Ohren dem Gesang der Vögel lauschen, und ihr werdet mit neuen Augen die Farben der Sonne beim Aufgehen und Untergehen erblicken.

Und all diese Geschenke der Erdenmutter werden Freude schaffen und in euch emporschießen, so wie eine Quelle plötzlich aus der Dürre emporschießt.

Und ihr werdet wissen, dass niemand vor den Himmlischen Vater tritt, der nicht von dem Engel der Freude vorbeigelassen wurde; denn in Freude wurde die Erde geschaffen, und in Freude erschufen die Erdenmutter und der Himmlische Vater den Sohn des Menschen.

Alle Ausdrucksformen der Schönheit wurden in dieser Kommunion betrachtet, um dem Menschen die Schönheit der Natur und die Freude daran in jedem Teil seines Selbst bewusst zu machen.

Diese Fähigkeit, Freude aus der Schönheit der Natur zu schöpfen, aus dem Sonnenaufgang, dem Sonnenuntergang, den Bergen, Blumen, Farben, Düften und anderem, war eines der Mittel, womit die Essener die innere Harmonie und heitere Ruhe erlangten, die ihre Mitmenschen so sehr beeindruckten.

»Engel der Freude, komme herab auf die Erde und bringe Schönheit allen Geschöpfen!«

Sodann fühle ich, wie ich die Schwingungen der Freude von der Schönheit der Natur in mich aufnehme, während ich mich auf die Farben des Sonnenaufgangs, des Sonnenuntergangs, den Gesang eines Vogels oder den Duft einer Blume besinne.

Mittagsbetrachtung – Friede mit dem Reich der Erdenmutter

Gesegnet ist das Kind des Lichts,
das seine Erdenmutter kennt,
denn Sie schenkt das Leben.
Wisse, deine Mutter ist in dir,
und du bist in Ihr.
Sie gebar dich und Sie gibt dir Leben.
Sie war es, die dir deinen Körper gegeben hat,
und Ihr sollst du ihn
eines Tages wieder zurückgeben.

Wisse, das Blut in deinen Adern
stammt vom Blut deiner Erdenmutter.
Ihr Blut fällt herab aus den Wolken,
springt hoch aus dem Schoß der Erde,
plaudert in den Gebirgsbächen,
fließt weit dahin in den Flüssen der Ebene,
schläft in den Seen,
wütet mächtig im stürmischen Meer.

Wisse, die Luft, die du einatmest,
ist dem Atem deiner Erdenmutter entstiegen.
Ihr Atem weht im Blau der Himmlischen Höhen,
er rauscht in den Bergesgipfeln,
wispert in den Blättern der Bäume,
wogt über den Kornfeldern,
schlummert in den tiefen Tälern,
brennt heiß in der Wüste.

Wisse, die Härte deiner Knochen
entstammt dem Gebein der Erdenmutter,
den Felsen und Steinen.

Wisse, die Zartheit deines Fleisches
kommt vom Fleisch deiner Erdenmutter,
deren Fleisch golden und rot
in den Früchten der Bäume schimmert.

Das Licht deiner Augen, das Hören deiner Ohren,
sie sind aus den Farben und Tönen
deiner Erdenmutter entstanden,
die dich umgibt, wie die Wellen des Meeres einen Fisch,
wie die wirbelnde Luft einen Vogel.
Ich sage euch wahrlich,
der Mensch ist der Sohn der Erdenmutter;
von Ihr hat der Menschensohn
den gesamten Körper erhalten,
so wie im Schoße der Mutter
das Neugeborene seinen Körper erhält.
Ich sage euch wahrlich,
ihr seid eins mit der Erdenmutter.
Aus Ihr seid ihr geboren,
in Ihr lebt ihr
und in Sie werdet ihr zurückkehren.
Haltet darum Ihre Gesetze,
denn niemand kann lange leben und glücklich sein,
der seine Erdenmutter nicht ehrt
und Ihre Gesetze nicht befolgt,
Denn dein Atem ist Ihr Atem,

dein Blut ist Ihr Blut,
deine Knochen sind Ihre Knochen,
dein Fleisch ist Ihr Fleisch,
deine Augen und deine Ohren
sind Ihre Augen und deine Ohren.
Wer den Frieden bei seiner Erdenmutter
gefunden hat,
wird niemals den Tod erfahren.
Erkenne diesen Frieden mit deinem Geist,
ersehne diesen Frieden mit deinem Herzen,
erfülle diesen Frieden mit deinem Körper.

Dann soll der Sohn des Menschen Frieden mit dem Reich der Erdenmutter suchen, denn niemand kann lange leben und glücklich sein, der nicht seine Erdenmutter ehrt und Ihre Gesetze befolgt. Denn euer Atem ist Ihr Atem, euer Blut ist Ihr Blut, eure Gebeine sind Ihre Gebeine, euer Fleisch ist Ihr Fleisch, eure Eingeweide sind Ihre Eingeweide, eure Augen und Ohren sind Ihre Augen und Ohren.

Ich sage euch wahrlich, ihr seid eins mit der Erdenmutter; Sie ist in euch und ihr seid in Ihr.

Aus Ihr wurdet ihr geboren, in Ihr lebt ihr, und zu Ihr werdet ihr zurückkehren.

Es ist das Blut eurer Erdenmutter, das aus den Wolken fließt; es ist der Atem eurer Erdenmutter, der in dem Laub der Wälder wispert und mächtig in den Bergen bläst; süß und fest ist das Fleisch eurer Erdenmutter in den Früchten der Bäume; stark und unzerbrechlich sind die Gebeine eurer Erdenmutter in den riesigen Felsen und Steinen, die als Wachen der verlorenen Zeit stehenblieben; wahrlich, wir sind eins mit unserer Erdenmutter, und wer sich an die Gesetze seiner Mutter treu hält, dem wird auch Sie treu bleiben.

Aber der Tag wird kommen, wenn der Menschensohn sein Gesicht von der Erdenmutter abwenden und Sie betrügen wird und sogar seine Mutter und sein Geburtsrecht verleugnen wird. Dann wird er Sie in die Sklaverei verkaufen, und Ihr Fleisch wird zerrissen werden, Ihr Blut vergiftet und Ihr Atem erstickt; er wird das Feuer des Todes in alle Teile ihres Reiches bringen, und sein Hunger wird Sie all ihrer Geschenke berauben und an Ihrer Stelle eine Wüste zurücklassen.

All dies wird er aus Unwissenheit des Gesetzes tun; und so wie ein Sterbender nicht seinen eigenen Gestank riechen kann, so wird der Menschensohn blind vor der Wahrheit sein; so wie er seine Erdenmutter plündert, verwüstet und zerstört, so plündert, verwüstet und zerstört er sich selbst.

Denn er wurde aus seiner Erdenmutter geboren, und er ist eins mit Ihr, und alles, was er seiner Mutter antut, tut er sich selbst an.

Vor langer Zeit, vor der Sintflut, wandelten die Großen auf der Erde; und die riesigen Bäume, jene, die heute nur noch eine Legende sind, waren ihr Heim und ihr Reich. Sie lebten mehrere Generationen lang, denn sie aßen von der Tafel der Erdenmutter, und sie schliefen in den Armen des Himmlischen Vaters, und sie kannten keine Gebrechen, kein Alter oder Tod. An die Menschensöhne gaben sie die Herrlichkeit ihres Reiches weiter; sogar das verborgene Wissen des Lebensbaumes, der im Mittelpunkt des Unendlichen Meeres steht. Aber die Augen der Menschensöhne waren geblendet von den Visionen Satans und den Versprechungen der Macht; sogar jener Macht, die durch Gewalt und Blutvergießen siegt. Und dann löste der Sohn des Menschen die goldenen Fäden, die ihn an seine Erdenmutter und an seinen Himmlischen Vater banden; er entstieg dem Heiligen Strom des Lebens, in dem sein Körper eins war mit dem Gesetz; und er begann nur seine eigenen Gedanken, seine eigenen Gefühle und seine eigenen Taten einzusetzen, er machte Hunderte von Gesetzen, wo es vorher nur Ein Gesetz gab.

Und so vertrieben sich die Menschensöhne selbst aus ihrer Heimat, und seit dieser Zeit drängen sie sich hinter ihren Steinwänden und hören nicht mehr das Seufzen des Windes in den großen Bäumen der Wälder jenseits ihrer Städte.

Wahrlich, ich sage euch, das Buch der Natur ist eine Heilige Schriftrolle, und wenn ihr wollt, dass sich die Menschensöhne selbst erretten und das immerwährende Leben finden, dann lehrt sie wieder, die lebendigen Buchstaben der Erdenmutter zu lesen.

Denn in allem Lebendigen ist das Gesetz niedergeschrieben.

Es ist im Gras geschrieben, in den Bäumen, in den Flüssen, Bergen, in den Vögeln des Himmels und in den Fischen des Meeres und am deutlichsten im Menschensohn.

Nur wenn er zum Schoß seiner Erdenmutter zurückkehrt, wird er das immerwährende Leben und den Strom des Lebens, der zu seinem Himmlischen Vater führt, finden. Nur so kann die dunkle Vision der Zukunft gebannt werden.

Auf diese Weise also betet zu eurem Himmlischen Vater, wenn die Sonne hoch zur Mittagsstunde steht: »Unser Vater, der Du im Himmel weilst, schicke allen Menschensöhnen Deinen Engel des Friedens; und schicke in das Reich unserer Erdenmutter den Engel der Freude, auf dass unsere Herzen voll Gesang und Freude sein werden, während wir uns in die Arme unserer Mutter schmiegen!«

Abendkommunion – Engel des Friedens

Die sechste Kommunion
haltet mit dem Engel des Friedens,
dessen Kuss Ruhe schenkt,
dessen Antlitz der Oberfläche
unbewegten Wassers gleicht,
in dem sich der Mond spiegelt.
Ich will Frieden erbitten,
dessen Atem freundlich ist

und dessen Hand die zerfurchte Stirn glättet.
Wo Frieden regiert,
da ist weder Hunger noch Durst,
weder kalter noch heißer Wind,
weder Alter noch Tod.
Aber wer keinen Frieden in seiner Seele hat,
in dem gibt es keinen Platz,
um den Heiligen Tempel zu bauen;
denn wie sollte der Zimmermann bauen,
inmitten eines Wirbelwindes?
Die Saat der Gewalt kann nur
eine Ernte der Verzweiflung hervorbringen,
und in ausgedörrtem Lehm
kann nichts Lebendiges wachsen.
Sucht denn den Engel des Friedens,
der wie der Morgenstern
inmitten einer Wolke ist,
wie der Mond, wenn er voll ist,
wie ein Heiliger Olivenbaum voller Knospen
und wie die Sonne, die auf den Tempel
des Allerhöchsten scheint.
Frieden wohnt im Herzen der Stille:
»Sei still und wisse, ICH BIN GOTT!«

Und die Erde wird mit dem Frieden
des Himmlischen Vaters erfüllt sein,
so wie das Wasser die Meere bedeckt.

Ich rufe den Engel des Friedens an,
dessen Atem freundlich ist,
und dessen Hand umhüllt von Kraft.
Wenn Frieden regiert,
herrscht weder Hunger noch Durst,
weder kalter noch heißer Wind,
weder Alter noch Tod;
wenn Frieden regiert,
werden Tiere und Menschen nicht sterben,
werden Wasser und Pflanzen nicht austrocknen,
und an der Nahrung des Lebens
wird es keinen Mangel geben.
Es wird erzählt, dass die Berge
den Menschen Frieden bringen
und die kleinen Hügel Rechtschaffenheit.
Es wird Frieden geben,
solange Sonne und Mond währen,
in alle Ewigkeit.
Friede wird herabkommen,
wie Regen auf gemähtes Gras,
als Schauer, die die Erde wässern.
Wenn Frieden regiert,
wird das Gesetz stark werden,
und die Kinder des Lichts werden die Führung haben,
von Meer zu Meer, bis zum Ende der Welt.
Die Friedenszeit hat ihre Quelle
im Himmlischen Vater;
mit Seiner Kraft setzt Er Berge an ihren Platz,
und Sein Wille scheidet Morgen und Abend,

um sich des Lichtes zu erfreuen.
Er bringt auf Erden den Strom des Gesetzes,
um sie zu wässern und ertragreich zu machen.
So macht Er die Erde mit Regenschauern weich;
das Wasser fällt auf die Weiden der Wildnis,
und die kleinen Hügel erfreuen sich an ihrer Seite.
Die Weiden sind auch mit Herden überzogen
und die Täler mit Korn;
sie jubeln vor Freude und singen.
O Himmlischer Vater!
Bring Deiner Erde die Herrschaft des Friedens!
Dann werden wir uns der Worte dessen besinnen,
der früher das Gesetz den Kindern des Lichts lehrte.
Ich gebe den Frieden deiner Erdenmutter
deinem Körper,
und den Frieden deines Himmlischen Vaters
deinem Geist.
Lass beider Frieden
unter den Menschensöhnen regieren.
Kommt zu mir, all ihr Beschwerten,
und jene, die unter Streit und Elend leiden!
Denn mein Friede wird euch stärken und trösten.
Mein Friede ist voll überschwänglicher Freude.
Darum werde ich dir immer danken nach alter Sitte:
»Friede sei mit dir!«
Und grüßt euch einander immer auf diese Weise,
damit auf deinen Körper sich herabsenke
der Frieden deiner Erdenmutter
und dein Geist sich erfülle

mit dem Frieden deines Himmlischen Vaters.
Und dann wirst auch du
Frieden unter deinesgleichen finden,
denn das Reich des Gesetzes ist in ihnen.
Und kehre zurück zu deinen Brüdern,
und gib deinen Frieden auch ihnen,
denn glücklich sind jene, die um Frieden ringen;
denn sie werden den Frieden des Himmlischen Vaters
finden.
Gib jedem deinen Frieden,
so wie ich meinen Frieden dir gegeben habe.
Denn mein Friede ist von Gott.
»Friede sei mit dir!«

»Friede, Friede, Friede, Engel des Friedens, sei immer hier!«

Sucht den Engel des Friedens in allem, was lebt, in allem, was ihr tut, in jedem Wort, das ihr sprecht. Denn Frieden ist der Schlüssel zu allem Wissen, zu jedem Geheimnis, zu allem Leben.

Wo es keinen Frieden gibt, da regiert Satan. Und die Söhne der Finsternis gelüsten am meisten danach, den Frieden der Söhne des Lichts zu stehlen. Geht deshalb in dieser Nacht zu dem goldenen Strom des Lichts, der das Gewand des Engels des Friedens ist. Und bringt am Morgen den Frieden Gottes zurück, der das Verstehen überschreitet, damit ihr die Herzen der Menschensöhne trösten könnt.

Die Kommunion mit dem Engel des Friedens war dem tiefen inneren Erkennen des Friedens im Menschen und mit dem ganzen Universum gewidmet. In der Vorstellung der Essener ist Friede einer der höchsten erreichbaren Werte für den Menschen und solange er die wahre Bedeutung dessen nicht erkennt, kann er nicht spirituell sein, und ohne Spiritualität kann sein Leben keine Bedeutung haben. So liegt des Menschen unmittelbarste Aufgabe darin, Friede in sich und mit allem Leben zu schließen, und in der Erkenntnis, dass die Friedensarbeit zuerst in ihm selbst anfängt.

Die Essener nutzten alle Quellen des Friedens im Universum und ließen sie in die Welt fließen. Der allumfassende Gruß »Friede sei mit dir!« ist ein Ausdruck davon.

»Friede, Friede, Friede, Engel des Friedens, sei immer überall!«

Ich besinne mich auf den zunehmenden Mond und das Mondlicht, indem ich den allumfassenden Frieden in allen Bereichen meines Daseins anrufe und visualisiere.

Samstag

Einleitung
Ich betrete den ewigen und unendlichen Garten des Wunders, mein Geist in Einheit mit dem Himmlischen Vater, mein Körper in Einheit mit der Erdenmutter, mein Herz in Harmonie mit meinen Brüdern, den Söhnen der Menschen, schenke ich meinen Geist, meinen Körper und mein Herz der heiligen, reinen und erlösenden Lehre, jener Lehre, die von alters her Enoch bekannt war.

Morgenkommunion – Erdenmutter

Die siebte Kommunion
haltet mit unserer Erdenmutter,
die ihre Engel aussendet,
die Wurzeln der Menschen zu lenken
und sie tief in das gesegnete Erdreich zu senken,
Wir rufen die Erdenmutter an!
Die Heilige Bewahrerin!
Die Erhalterin!
Sie ist es, die die Erde erneuern wird!
Die Erde gehört ihr
und deren Fülle; die Welt,
und die, die darin wohnen.
Wir verehren die gute, starke,
die wohltätige Mutter Erde
und all ihre Engel,

großzügig, mutig und voller Stärke;
freundlich, Wohlergehen und Gesundheit schenkend.
Durch ihren strahlenden Glanz
wachsen Pflanzen aus der Erde hervor
aus unerschöpflichen Quellen.
Ihr strahlender Glanz bringt die Winde zum Wehen,
die die Wolken herantreiben,
den unerschöpflichen Quellen zu.
Die Erdenmutter und ich sind Eins;
ich habe meine Wurzeln in Ihr,
und Sie hat Ihre Freude an mir,
wie das heilige Gesetz es will.

Ehre deine Mutter Erde,
auf dass deine Tage auf Erden lange währen.

Die Mutter Erde ist in dir, und du bist in Ihr.
Sie gebar dich. Sie gibt dir das Leben.
Sie war es, die dir deinen Körper gab,
und Ihr wirst du ihn eines Tages zurückgeben.
Glücklich wirst du sein, wenn du Sie kennenlernst
und das Reich ihrer Herrlichkeit.
Wenn du die Engel deiner Mutter empfängst
und nach Ihren Gesetzen lebst,
so wirst du nie Krankheit erleben.
Denn die Kraft deiner Erdenmutter steht über allem.
Sie bestimmt das Schicksal aller menschlichen Körper
und aller lebendigen Wesen.
Das Blut, das in uns fließt,

stammt aus dem Blut der Erdenmutter.
Ihr Blut fällt aus den Wolken,
springt aus dem Schoß der Erde,
sprudelt in den Bächen der Berge,
ergießt sich in die Flüsse der Ebenen,
schläft in den Seen
und tobt mächtig im ungestümen Meer.
Die Luft, die wir atmen,
stammt aus dem Atem unserer Erdenmutter.
Ihr Atem ist azurn in den Höhen
des sichtbaren Himmels,
rauscht um die Gipfel der Berge,
flüstert in den Blättern des Waldes,
wogt über die Kornfelder,
schlummert in den tiefen Tälern,
brennt heiß in der Wüste.
Die Härte unserer Knochen
stammt aus den Knochen unserer Mutter Erde,
aus den Felsen und Steinen.
Sie ragen nackt in den Himmel
auf den Gipfeln der Berge
und sind wie schlafende Riesen
an den Bergeshängen,
stehen wie Bilder in der Wüste
und sind verborgen in den Tiefen der Erde.
Die Zartheit unseres Fleisches
stammt aus dem Fleisch der Mutter Erde,
deren Fleisch gelb und rot
in den Früchten der Bäume hervorwächst

und das uns aus den Furchen der Felder ernährt.
Das Licht unserer Augen,
das Gehör unserer Ohren,
stammen beide aus den Farben und Klängen
unserer Erdenmutter,
die uns umhüllt
wie die Wellen des Meeres den Fisch,
wie die wirbelnde Luft den Vogel.
Der Mensch ist das Kind der Erdenmutter,
und aus Ihr erhielt er seinen ganzen Körper,
genauso wie der Körper des Neugeborenen
aus dem Schoß seiner Mutter stammt,
so bist du eins mit deiner Mutter Erde;
Sie ist auch in dir, und du bist in Ihr.
Sie gebar dich, in Ihr lebst du,
und zu Ihr wirst du wieder zurückkehren.
Halte darum ihre Gesetze,
denn kein Mensch kann lange leben, noch glücklich sein,
wenn er seine Erdenmutter nicht ehrt
und Ihre Gesetze befolgt.
Denn dein Atem ist Ihr Atem,
dein Blut ist Ihr Blut,
deine Knochen sind Ihre Knochen,
dein Fleisch ist Ihr Fleisch,
deine Augen und deine Ohren
sind Ihre Augen und Ihre Ohren.
Unsere Mutter Erde!
Immer hält Sie uns umarmt,
immer gibt Sie uns mit ihrer Schönheit,

nie können wir uns von Ihr trennen,
nie können wir Ihre Tiefen erkennen.
Immer erschafft Sie neue Formen:
was jetzt besteht, gab es früher noch nicht;
und was bestand, kehrt nicht wieder.
In Ihrem Reich ist alles immer neu und immer alt.
Wir leben inmitten von Ihr und kennen Sie noch nicht.
Fortwährend spricht Sie zu uns,
doch nie verrät Sie uns alle ihre Geheimnisse.
Immer bearbeiten wir Ihren Boden und ernten Ihr Korn,
doch haben wir keine Macht über Sie.
Immerwährend baut Sie auf und zerstört wieder,
und Ihre Werkstatt liegt verborgen
vor den Augen des Menschen.

»Die Erdenmutter und ich sind eins. Ihr Atem ist mein Atem; Ihr Blut ist mein Blut; Ihre Gebeine, Ihr Fleisch, Ihr Inneres, Ihre Augen und Ohren sind meine Gebeine, mein Fleisch, mein Inneres, meine Augen und Ohren. Niemals werde ich Sie verlassen, und immer wird Sie mich nähren und meinen Körper erhalten!«

Und ihr werdet spüren, wie die Kraft der Erdenmutter durch euren Körper fließt, so wie der Fluss, wenn er vom Regen angeschwollen ist, mächtig dröhnend dahinströmt.

Die Absicht dieser Kommunion bestand darin, die Einheit zwischen dem körperlichen Organismus des Menschen und den ernährenden Kräften der Erde herzustellen.

Das wurde erreicht durch Kontemplation der verschiedenen Nahrungsbestandteile und in der Erkenntnis, dass der Körper aus den verschiedenen Elementen der Erde gebildet wird und durch diese Elemente über das Leben der Pflanzen ernährt wird.

Dies lehrt die Bedeutung und Wichtigkeit der natürlichen Nahrungsmittel der Erde, die von der Mutter Erde im Einklang mit den Gesetzen, die das irdische Leben bestimmen, bereitgestellt werden.

Dadurch lernt der Mensch die hervorragende Rolle der natürlichen Ernährung für seine Gesundheit und Lebenskraft kennen und wird sich des Stoffwechselablaufs in ihm bewusst. Er lernt darüber hinaus, wie er die mächtigen Energien in seinem Körper erhalten kann.

So entwickelt er stufenweise die Fähigkeit, all die Nährstoffe, die er isst, und auch die darin enthaltenen Energien aufzunehmen. So ist er fähig, mehr Nährwert aus einer gegebenen Menge Nahrung herauszuziehen.

Die Kommunion war eines der hauptsächlichen Werkzeuge, durch die sich die Essener eine so bemerkenswerte körperliche Gesundheit erhalten konnten.

»Die Mutter Erde und ich sind eins. Sie gibt die Nahrung des Lebens meinem ganzen Körper!«

Und wenn ich die Worte gesprochen habe, besinne ich mich auf die essbaren Früchte, Körner und Pflanzen und fühle die Strömungen der Mutter Erde, wie sie mich durchfließen und meinen Stoffwechselprozess verstärken und ausrichten.

Mittagsbetrachtung – Friede mit dem Reich des Himmlischen Vaters

Gesegnet ist das Kind des Lichts,
das seinen Himmlischen Vater sucht,
denn es wird das Ewige Leben haben.
Wer im Geheimnis des Allerhöchsten ruht,
wird im Schatten des Allmächtigen wohnen.
Denn Er wird dich in die Obhut Seiner Engel geben
und dich auf all deinen Wegen bewahren.
Wisse, der Herr ist unsere Wohnstatt gewesen
alle Generationen hindurch.
Bevor die Berge entstanden
oder die Erde und die Welt geschaffen wurden,
ja, von Ewigkeit zu Ewigkeit
hat es Liebe gegeben
zwischen dem Himmlischen Vater und seinen Kindern.
Und wie sollte diese Liebe je enden?
Vom Anbeginn bis zum Ende der Zeiten
umschließt die Heilige Flamme der Liebe
die Häupter des Himmlischen Vaters und
der Kinder des Lichts.
Wie denn sollte diese Liebe erlöschen?
Denn sie brennt nicht wie eine Kerze,
noch wie ein Feuer, das in den Wäldern wütet.
Nein, sie brennt mit der Flamme des Ewigen Lichts,
und diese Flamme kann sich nicht aufzehren.
Ihr, die ihr den Himmlischen Vater liebt,
erfüllt Sein Gebot:

Wandelt mit Seinen Heiligen Engeln
und findet euren Frieden
in Seinem Heiligen Gesetz.
Denn Sein Gesetz umfasst alles,
ja, es ist das Gesetz der Gesetze.
Durch Sein Gesetz hat Er Erde und Himmel
als Einheit geschaffen;
die Berge und die Seen sind Seine Fußbänke.
Mit seinen Händen schuf Er uns
und gab uns Gestalt,
und Er gab uns den Geist,
sein Gesetz zu verstehen.
Das Licht bedeckt Ihn wie ein Gewand:
Er breitet den Himmel aus wie einen Vorhang,
er macht die Wolken zu seinem Wagen,
er wandelt auf den Schwingen des Windes,
er schickt die Quellen in die Täler,
und Sein Atem bewegt die mächtigen Bäume.
In Seiner Hand liegen die Tiefen der Erde,
Sein ist auch die Kraft der Berge.
Das Meer ist Sein,
und Seine Hände schufen das trockene Land.
Alle Himmel rühmen die Herrlichkeit Gottes,
und das Himmelsgewölbe enthüllt Sein Gesetz.
Und Seinen Kindern schenkt er Sein Reich;
jenen, die mit seinen Engeln wandeln,
und ihren Frieden in seinem Heiligen Gesetz finden.
Wollt ihr mehr wissen, meine Kinder?
Wie kann von unseren Lippen kommen,

was nicht gesagt werden kann?
Es ist, als würde ein Granatapfel
von einem Stummen gegessen,
wie könnte er seinen Geschmack schildern?
Wenn wir sagen, der Himmlische Vater
wohnt in uns,
dann sind die Himmel beschämt;
wenn wir sagen,
Er wohnt draußen, ist es falsch.

Das Auge, das den fernen Horizont absucht,
und das Auge, das in die Herzen blickt,
hat Er als ein Auge erschaffen.
Er ist nicht offenbar,
Er ist nicht verborgen,
Er ist nicht enthüllt,
noch ist Er verhüllt.
Meine Kinder, es gibt keine Worte,
zu sagen, was Er ist!
Wir wissen nur dies,
wir sind seine Kinder,
Er ist unser Vater;
Er ist unser Gott,
und wir sind seines Reiches Kinder
und die Schafe in Seiner Hand.
Wer seinen Frieden beim Himmlischen Vater fand,
hat das Heiligtum des göttlichen Gesetzes betreten
und ist einen Bund mit Gott eingegangen,
der ewig währt.

Erkenne diesen Frieden mit deinem Geist,
ersehne diesen Frieden mit deinem Herzen,
erfülle diesen Frieden mit deinem Körper.

Himmel und Erde mögen vergehen,
aber kein Buchstabe des Heiligen Gesetzes
soll sich wandeln oder vergehen.
Denn das Gesetz war am Anfang,
und das Gesetz war bei Gott,
und das Gesetz war Gott.
»Möge der siebenfache Friede
des Himmlischen Vaters
immer mit euch sein!«

Nun soll der Menschensohn den Frieden mit dem Reich des Himmlischen Vaters finden; denn wahrlich, der Menschensohn ist aus seines Vaters Samen und aus seiner Mutter Leib geboren, auf dass er sein wahrhaftiges Erbe finde und wisse, dass er der Sohn des Königs ist.

Der Himmlische Vater ist das Eine Gesetz, das die Sterne formte, die Sonne, das Licht und die Dunkelheit und auch das Heilige Gesetz in unseren Seelen. Überall ist er, und es gibt nichts, in dem er nicht ist. All unser Verstehen und alles, was wir wissen, ist von dem Gesetz bestimmt.

In den Bereichen unseres Himmlischen Vaters gibt es viele Ebenen, und zahlreich sind die verborgenen Dinge, von denen ihr jetzt noch nichts wissen könnt. Ich sage euch wahrlich, das Reich unseres

Himmlischen Vaters ist weit, so weit, dass kein Mensch dessen Begrenzungen erkennen kann, denn es gibt keine. Jedoch kann sein gesamtes Reich in dem kleinsten Tautropfen auf einer wilden Blume entdeckt werden oder in dem Duft von frisch geschnittenem Gras auf den Feldern unter der Sommersonne. Wahrlich, es fehlen die Worte, um das Reich des Himmlischen Vaters zu beschreiben.

Wahrlich, herrlich ist das Erbe des Menschensohnes, denn nur ihm ist es gegeben, in den Strom des Lebens einzutreten, der ihn zum Reich des Himmlischen Vaters führt. Aber zuerst muss er suchen und den Frieden mit seinem Körper, mit seinen Gedanken, mit seinen Gefühlen, mit den Söhnen der Menschen, mit dem Heiligen Wissen und mit dem Reich seiner Erdenmutter finden.

Denn wahrlich, ich sage euch, dies ist das Boot, das den Menschensohn auf dem Strom des Lebens zu seinem Himmlischen Vater führen wird. Er muss den Frieden, der siebenfach ist, besitzen, bevor er den Einen Frieden erfahren kann, der das Verstehen, sogar das seines Himmlischen Vaters übersteigt.

Auf diese Weise also betet zu eurem Himmlischen Vater, wenn die Sonne hoch zur Mittagsstunde steht: »Unser Vater, der du im Himmel weilst, schicke den Menschensöhnen deinen Engel des Friedens; und schicke in dein Reich, unser Himmlischer Vater, deinen Engel des Ewigen Lebens, auf dass wir uns bis jenseits der Sterne emporschwingen und ewig leben!«

Abendkommunion – Himmlischer Vater

Die siebte Kommunion
haltet mit dem Himmlischen Vater,
der ist,
der war,
und der immer sein wird.
O mächtiger Schöpfer!
Du erschufst die Himmlischen Engel,
und Du offenbartest die Himmlischen Gesetze.
Du bist meine Zuflucht und meine Festung,
Du bist aus der Ewigkeit.
Herr, Du bist alle Zeiten hindurch
unsere Heimat gewesen.
Bevor die Berge geschaffen wurden
und bevor Du die Erde gebildet hast,
von Ewigkeit zu Ewigkeit
bist Du Gott.
Wer hat die Wasser gemacht
und wer die Pflanzen?
Wer hat dem Wind die Sturmwolken beigegeben,
die schnellen und flüchtigen?
Wer, o mächtiger Schöpfer,
ist der Quell des Ewigen Lebens
in unseren Seelen?
Wer hat Licht und Dunkelheit erschaffen?
Wer hat den Schlaf geschenkt
und den Reiz der wachen Stunden?
Wer breitet die Mittagszeit aus

und die Mitternacht?
Du, großer Schöpfer!
Du hast die Erde gemacht
durch Deine Kraft,
Du hast die Welt eingerichtet
durch Deine Weisheit,
und Du hast die Himmel ausgebreitet
durch Deine Liebe.
Enthülle mir, o Himmlischer Vater,
Dein Wesen,
das die Macht der Engel
Deines Himmlischen Reiches ist.
Unsterblichkeit und die Himmlische Ordnung
hast Du uns geschenkt, o Schöpfer,
und das Beste von allem,
Dein Heiliges Gesetz!
Ich will Deine Werke
mit Gesängen der Dankbarkeit preisen,
unaufhörlich,
im Wechsel der Zeiten.
Mit dem Nahen des Tages
umarme ich meine Mutter,
mit dem Kommen der Nacht
vereinige ich mich mit meinem Vater,
und mit dem scheidenden Abend und Morgen
will ich mit jedem Atemzug
ihrer inneren Ordnung folgen,
und ich will diesen Bund nicht brechen
bis zum Ende der Zeit!

Und über Himmel und Erde lag eine große Stille,
und der Frieden des Himmlischen Vaters und der Erdenmutter leuchtete über den Häuptern von Jesus und den Vielen.

Im Himmlischen Reich
gibt es seltsame und wundersame Werke,
denn durch Sein Wort bestehen alle Dinge.
Und noch größere Dinge sind uns verborgen als diese;
denn wir haben nur wenige Seiner Werke gesehen;
der Himmlische Vater hat alles geschaffen.

Die Herrlichkeit des Himmels und der Glanz der Sterne
geben Licht an den höchsten Orten
des Himmlischen Meeres.
Wächter des Höchsten stehen auf ihren Posten,
und niemals ermatten sie in ihrer Wache.
Schau hoch zum Regenbogen und preise Ihn,
der ihn schuf;
herrlich ist es, in Seinem Glanz zu stehen.
Er umschließt den Himmel mit einem glänzenden Kreis,
den die Hände des Höchsten gebogen haben.
Durch Sein Gesetz lässt Er den Schnee rasch fallen,
und geschwind sendet Er die Blitze Seines Urteils.
Dadurch öffnen sich die Schatzkammern,
und Wolken fliegen vorbei wie Vögel.
Durch Seine große Kraft verdichtet Er die Wolken,
und den Hagel bricht Er in kleine Stücke.

Bei Seinem Anblick erbeben die Berge,
und durch Seinen Willen bläst der Südwind.
Der Lärm des Donners bringt die Erde zum Zittern,
wie auch der Nordsturm und der Wirbelwind.
Wie Vögelflattern zerstreut Er den Schnee,
und das Auge bewundert
die Schönheit der Schneeweiße.
Und das Herz ist erstaunt, wie daraus Regen entsteht.
So bezeugt der sichtbare Himmel Gottes Wunder,
und das Firmament zeigt Seine Handarbeit.
Wer hat die Gewässer geschaffen
und wer die Pflanzen?
Wer hat die Sturmwolken an den Wind gebunden,
die geschwinden und selbst die flüchtigen?
Wer, o Himmlischer Vater,
ist der Schöpfer des Heiligen Gesetzes
in unseren Seelen?
Wer hat das Licht und die Dunkelheit geschaffen?
Wer machte den Schlaf
und die Würze der wachen Stunden?
Wer gab der immer wiederkehrenden Sonne
und den Sternen ihre unentwegte Bahn?
Wer hat bestimmt, wodurch der Mond zunimmt
und wodurch er abnimmt?
Wer, außer Dir, Himmlischer Vater,
hat all diese großartigen Dinge getan?
Herr, Du warst unser Zuhause
in alle Ewigkeit.
Noch bevor die Berge entstanden,

noch ehe Du Erde und Welt geschaffen hast,
von Unendlichkeit zu Unendlichkeit, bist Du das Gesetz.
Dein Name ist Verständnis,
Dein Name ist Weisheit,
Dein Name ist Allbarmherzigkeit,
Dein Name ist der Unbezwingbare,
Dein Name ist der, der das wahre Urteil fällt,
Dein Name ist der Allsehende,
Dein Name ist der Heilende,
Dein Name ist der Schöpfer.
Du bist der Wächter,
Du bist der Schöpfer und Erhalter,
Du bist der Erkennende und der Geist,
Du bist das Heilige Gesetz.
Diese Namen wurden ausgesprochen
noch vor der Schöpfung dieses Himmels,
noch bevor das Wasser und die Pflanzen entstanden,
noch vor der Geburt unseres heiligen Vaters Enoch.
Vor dem Anfang der Zeit
pflanzte der Himmlische Vater den heiligen
Lebensbaum,
der für immer inmitten des Meeres des Universums steht.
Hoch oben in seinen Zweigen singt ein Vogel,
und nur jene, die dorthin gewandert sind
und den geheimnisvollen Gesang des Vogels hörten,
nur jene werden den Himmlischen Vater sehen.
Sie werden von Ihm seinen Namen erfragen
und Er wird ihnen antworten:
»ICH BIN, DER ICH BIN,

und werde immer der gleiche bleiben,
wie das Ewige, das ICH BIN!«
O, Du Himmlischer Vater!
Wie wunderbar ist Dein Name auf der ganzen Erde!
Du hast Deine Herrlichkeit in den sichtbaren
Himmel gelegt.
Wenn wir über Deine Himmel nachdenken,
über das Werk Deiner Hände,
den Mond und die Sterne,
die Du geweiht hast,
was ist da der Mensch in Deinen Augen?
Und doch hast Du ein Bündnis geschlossen
mit den Kindern des Lichts,
und sie gehen mit Deinen heiligen Engeln.
Du hast sie gekrönt mit Ruhm und Ehre,
Du gabst ihnen Macht
über die Werke Deiner Hände,
und gabst ihnen die Aufgabe,
für Nahrung und Schutz zu sorgen
für alles, was lebt und wächst auf Deiner grünen Erde.
O Himmlischer Vater!
Wie großartig ist Dein Name überall auf der Erde!
Erhöre die Stimme des Menschen, der Dich ruft:
Wohin kann ich aus Deinem Geist gehen?
Oder wohin kann ich fliehen vor Deiner Gegenwart,
Wenn ich zum Himmel aufsteige, so bist Du da;
schlage ich mein Lager in der Hölle auf,
siehe, so bist Du da;
ergreife ich die Schwingen des Morgens

und verweile in den äußersten Teilen des Meeres,
sogar dort wird Deine rechte Hand mich halten.
Wenn ich sage:
»Gewiss wird mich die Dunkelheit verstecken!«
wird selbst die Nacht über mir leuchten.
Ja, die Dunkelheit verbirgt nicht vor Dir,
denn die Nacht scheint wie der Tag;
die Dunkelheit und das Licht sind für Dich beide gleich,
denn Du hast mich fest im Zaum.
So wie der Hirsch nach dem Bache lechzt,
so lechzt meine Seele nach Dir, o Gott.
Meine Seele dürstet nach dem lebendigen
Himmlischen Vater.
Das Gesetz ist mein Licht und meine Rettung;
wen soll ich fürchten?
Das Gesetz ist der Felsen und die Kraft meines Lebens;
wovor soll ich Angst haben?
Eines erbitte ich von dem Gesetz,
nach dem ich streben will;
dass ich in das Haus des Gesetzes einziehe
für alle Tage meines Lebens,
um die Wunder des Himmlischen Vaters zu erblicken.
Jene, die im geheimen Ort des Höchsten wohnen,
verbleiben im Schatten des Allmächtigen.
Wir werden vom Gesetz sagen:
»Du bist unsere Zuflucht und unsere Festung;
wir vertrauen auf das Heilige Gesetz!«
Und der Himmlische Vater
wird uns mit Seinen Federn bedecken,

und unter Seinen Flügeln werden wir Vertrauen finden;
Seine Wahrheit soll unser Schild und Schutz sein.
Wir werden keine Furcht haben
vor den Schrecken der Nacht,
noch vor den Pfeilen, die bei Tage fliegen,
noch vor der Pest, die im Dunkeln umherzieht,
noch vor der Zerstörung, die mittags alles vertrocknet.
Denn am Tage werden wir zusammen gehen
mit den Engeln der Mutter Erde,
und des Nachts werden wir uns anvertrauen
den Engeln des Himmlischen Vaters,
und wenn die Sonne ihren Zenit am Mittag erreicht,
werden wir still stehen vor dem siebenfältigen Frieden,
und kein Übel wird uns befallen,
noch wird eine Plage in unser Heim einziehen,
denn Er hat Seinen Engeln Macht über uns gegeben,
um uns auf allen Wegen zu führen.
Der Himmlische Vater ist unsere Zuflucht und Kraft.
Deshalb fürchten wir uns nicht,
selbst wenn die Erde vergeht,
und die Berge versinken inmitten der Meere,
und davon das Wasser anfängt zu brüllen
und in Chaos gerät,
und die Gebirge vor seinem Anschwellen erzittern.
Denn da ist der Fluss, der zum Ewigen Meer fließt;
und neben diesem Fluss steht der Heilige Lebensbaum;
dort wohnt mein Vater, und mein Zuhause ist in Ihm.
Der Himmlische Vater und ich sind eins!

Und am Abend sagt diese Worte: »Der Himmlische Vater und ich sind Eins!«

Und schließet eure Augen, Söhne des Lichts, und schlafend betretet ihr die unbekannten Reiche des Himmlischen Vaters. Und ihr werdet im Licht der Sterne baden, und der Himmlische Vater wird euch in Seiner Hand halten und wird einen Quell des Wissens in euch aufsteigen lassen; einen Brunnen der Kraft, der lebendiges Wasser ausschüttet, eine Flut der Liebe und allumfassender Weisheit, wie die Herrlichkeit des Ewigen Lichts. Und eines Tages werden sich die Augen eures Geistes öffnen, und ihr werdet all dies wissen.

Diese Kommunion mit dem Himmlischen Vater, dem Schöpfer des Lichts, dem Ahura Mazda Zoroasters, war die zentrale Kommunion bei den Essenern. Sie war der Gesamtheit aller kosmischen Gesetze und der Erkenntnis gewidmet, dass das Weltall ein Prozess dauernder Schöpfung ist, in dem der Mensch die Rolle hat, die Arbeit des Schöpfers auf der Erde fortzusetzen.

Die Absicht dieser Kommunion soll den Menschen lehren, wie wichtig die Vereinigung mit dem ewigen und ungebundenen kosmischen Meer für die höheren Schwingungen aller Planeten ist.

Sie soll ihn für alle diese Kräfte empfänglich machen, so dass er kosmisches Bewusstsein erlangen kann und sich auf diese Weise mit den kosmischen Strömungen verbindet.

Dadurch kann er die schöpferischen Fähigkeiten in sich zum Höchsten entwickeln und die schöpferische Quelle in seinem Leben und seiner Umgebung nutzen.

Die Essener wussten, dass der Mensch nur auf diese Weise sein letztes Ziel erreichen kann, die Vereinigung mit dem Himmlischen Vater, das letztliche Streben aller Essener und der tiefere Sinn, der ihre Handlungen, Gefühle, Gedanken und Taten regierte.

»Der Himmlische Vater und ich sind Eins!«

Diese Kommunion schafft mit der Zeit eine Verbindung mit dem ewigen und unbegrenzten kosmischen Meer aller höheren Ausstrahlungen von allen Planeten, sobald das kosmische Bewusstsein erwacht, und der einzelne schließlich mit der Höchsten Kraft vereint ist.

Ich habe die innere Vision erlangt,
und durch Deinen Geist in mir
habe ich von Deinem wunderbaren Geheimnis erfahren.
Durch Deinen mystischen Einblick
hast Du in mir eine Quelle des Wissens geschaffen,
die aus mir hervorquillt;
einen Springbrunnen der Kraft,
der lebensspendendes Wasser fließen lässt;
eine Flut voll Liebe
und allumfassender Weisheit
wie das Strahlen des Ewigen Lichts.

Aus dem Buch der Hymnen der
Schriftrollen vom Toten Meer

Nachbetrachtung: Individuelle Selbsterforschung

Vor Tausenden von Jahren praktizierten die Essener ein System der Psychologie, das bei weitem vielseitiger war als die heutige Psychologie. Es liegt zeitlich zwar länger zurück, hat aber eine allumfassende Qualität, die der modernen Psychologie fehlt.

Dieses System beruht auf persönlicher Selbstbeobachtung im Hinblick auf die Lebensideale der Essener und die eigene Entwicklung und kann für den heutigen Menschen von großem Wert sein: als Maßstab für seinen Grad an Harmonie mit dem Gesetz.

Die Essener, die berücksichtigten, dass der Mensch inmitten eines Kräftefeldes lebt, wussten, dass die natürlichen und kosmischen Kräfte, die ihn umgeben und die ihn durchströmen, höhere positive Kräfte sind.

Aber sie wussten auch, dass der Mensch durch Missachtung des Gesetzes im Denken, Fühlen und Handeln, ständig negative, niedere Kräfte erzeugt, inmitten derer er auch lebt. Er steht mit allen diesen Kräften in Verbindung und kann sich nicht von ihnen trennen. Darüber hinaus wirkt er ständig, bewusst oder unbewusst, mit den höheren oder niederen Kräften zusammen. Er kann sich nicht neutral verhalten.

In diesem Essener-System, das zur Zeit des Zoroaster (Zarathustra) entstand, erforschte der einzelne Woche für Woche die eigenen Gedanken, Worte und Taten. Dieses Abwägen zeigte ihm, in welchem Maße er mit den höheren Kräften zusammenarbeitete oder wie weit er von ihnen abwich, und das ergab einen Querschnitt seines Charakters, seiner Fähigkeiten und seines körperlichen Zustandes und zeigte so den Grad seiner eigenen Lebensentwicklung an.

Diese Analyse ermöglichte ihm, seine starken und seine schwachen Seiten wahrzunehmen. Indem er ernsthaft und nachdrücklich danach strebte, sein Denken, Fühlen und Handeln ständig zu verbessern, machte er in einer lebenslangen Arbeit der Selbstvervollkommnung Fortschritte.

Es mag einige Menschen geben, die es bei all der modernen Wissenschaft für überflüssig halten, zu einer achttausend Jahre alten Lehre des Altertums zurückzukehren. Aber es ist die Frage, inwieweit es die Entwicklungen der Wissenschaft erreicht haben, das menschliche Glück und Wohlbefinden zu fördern. –Die allgemeine Unsicherheit und Neurose der Gegenwart und die weitverbreiteten wirtschaftlichen und sozialen Unruhen geben darauf eine eindeutig negative Antwort.

Der Mensch hat sich im Rahmen seiner wissenschaftlichen Kultur eine enorme Menge theoretischen Wissens angeeignet, doch das hat sein Glück oder die Entwicklung seines Selbstes nicht vorangebracht. Es hat ihm nicht geholfen, sich mit dem Universum, der kosmischen Ordnung, zu verbinden oder ihm seinen Platz und seine Aufgabe darin zu zeigen.

Ohne dieses Wissen kann der Mensch den Weg seiner eigenen bestmöglichen Entwicklung nicht gehen – oder der des Planeten.

Die Neurose der gegenwärtigen Zeit hat ihre Ursache in den vielen Abweichungen vom Gesetz der Harmonie mit den natürlichen und kosmischen Kräften. Versucht ein Mensch sein Bestes, um mit ihnen in Harmonie zu leben, so wird er niemals Neurosen entwickeln.

Die Psychologie von heute neigt dazu, nur ein oder zwei dieser Naturkräfte zu betonen. Freud zum Beispiel nahm an, dass die Abweichung vom Gesetz der natürlichen sexuellen Kräfte die Disharmonie des Menschen hervorbrachte. Andere haben sich wieder auf andere Formen der Abweichung konzentriert. Aber das System, das zu Zeiten von Zoroaster ausgeübt wurde, hielt die Harmonie mit allen natürlichen und kosmischen Kräften für notwendig, um die allgemeine Gesundheit und das seelische Gleichgewicht zu erhalten. Seine Überlegenheit über andere Systeme liegt in seiner Vielseitigkeit, die alles umfasst.

Es zeigt sich, dass der einzelne selbst Tag für Tag an seiner Selbstvervollkommnung arbeiten muss.

Die Psychoanalyse dagegen hängt wesentlich vom Analytiker ab, denn die Person, die analysiert wird, übernimmt dabei eher eine passive Rolle. In der Methode aus der Zeit des Zoroaster bleibt das Streben nach Harmonie für den einzelnen eine Lebensaufgabe, die er selbst erfüllen muss, und nicht die Aufgabe von jemand anderem, der sie für ihn in ein paar Jahren oder weniger vollbringt.

Die sechzehn Elemente in diesem System umfassen jeden Gesichtspunkt des menschlichen Lebens.

Sie entsprechen in gewissem Grade den vierzehn Kräften, wie sie im Lebensbaum der Essener symbolisiert werden. Es lag nicht in der Absicht der Essener, weder zur Zeit Zoroasters noch später, die natürlichen und kosmischen Kräfte in irgendein lebloses oder künstliches Muster zu unterteilen, sondern die Einteilung wurde nur gemacht, um die Kräfte auf eine Art und Weise zu betrachten, die am deutlichsten ihren Wert und Nutzen im menschlichen Leben sichtbar machte.

Vollkommenheit wurde in der Selbsterforschung nicht gefordert.

Aber der einzelne war angehalten, sich beständig darum zu bemühen, seine Beziehung zu jeder der sechzehn Kräfte zu verbessern und immer größere Harmonie und Nutzen aus ihren Kräften und Energien zu ziehen.

Derjenige, der das macht, wird sich eines aktiven, schöpferischen Lebens erfreuen, das ihm ein Höchstmaß an Glück bringt und anderen dient. Derjenige, der in der Nichtbeachtung des Gesetzes fortfährt, wird das Leben immer weniger interessant und lohnend finden, während Elend und Frustration zunehmend größer werden.

Die Lehren der Essener gaben den Menschen ein klares Wissen von ihrem Platz und ihrer Aufgabe im Universum. Ihre wöchentliche Selbsterforschung ermöglichte es ihnen zu erkennen, wie klar sie die Lehre verstanden hatten und wie gewissenhaft sie diese ausübten und dem Weg ihrer eigenen Entwicklung folgten.

Von den sechzehn Kräften, die bei der Selbsterforschung angewendet wurden, gehören acht zu den irdischen und acht zu den kosmischen Kräften.

Die irdischen Kräfte waren: Sonne, Wasser, Luft, Nahrung, Mensch, Erde, Gesundheit und Freude.

Die kosmischen Kräfte waren: Kraft, Liebe, Weisheit, der Erhalter, die Schöpfung, Ewiges Leben, Arbeit und Friede.

Die Selbsterforschung betrachtete jede der Kräfte von drei verschiedenen Seiten:

1. Wird die Kraft oder Energie verstanden?
2. Fühlt der einzelne die Bedeutung der Energie tief und ernsthaft?
3. Wird die Kraft beständig in der bestmöglichen Art und Weise genutzt?

Die Kräfte der Erde

Im folgenden werden Sinn und Anwendung der irdischen Kräfte beschrieben.

1. Die SONNE ist eine sehr wichtige Energiequelle, und jeden Tag soll der Kontakt mit ihrer Kraft auf eine Weise hergestellt werden, wie sie der Gesundheit und dem Wohlbefinden des einzelnen am besten dient.

2. WASSER ist ein wesentliches Lebenselement. Es soll in der rechten Weise zur Ernährung benutzt werden, und das ganze Jahr hindurch soll jeden Morgen ein Bad genommen werden.

3. LUFT spielt eine große Rolle für die Gesundheit des Körpers, und so oft wie möglich sollte draußen reine, frische Luft geatmet und die Energien der Atmosphäre für die Gesundheit genutzt werden.

4. NAHRUNG soll von der rechten Art in der rechten Menge zu sich genommen werden, um den Organismus mit weiterer Lebenskraft zu versorgen.

5. Der MENSCH sollte eine Kraft darstellen, die das Recht und die Verantwortung jedes einzelnen gegenüber seiner eigenen Entwicklung verkörpert. Jeder einzelne soll jeden Moment dazu verwenden, in seiner Entwicklung fortzuschreiten, und das ist eine Arbeit, die niemand für ihn tun kann. Er soll seine eigenen Möglichkeiten erkennen und verstehen und den direktesten Weg herausfinden, wie er sie entwickeln und nutzen kann, um der Menschheit zu dienen.

6. Die ERDE stellt die zwei Aspekte der Zeugungskraft dar, die ein reicheres Leben in Fülle auf dem Planeten schafft. Die eine Kraft erschafft Leben aus dem Boden, lässt Bäume und die ganze Pflanzenwelt wachsen. Die andere drückt sich in den geschlechtlichen Energien des Menschen aus.

Der einzelne soll den Pflanzen- und Nahrungsanbau auf die bestmöglichste Weise verstehen und durchführen und ein harmonisches geschlechtliches Leben führen.

7. GESUNDHEIT hängt von der harmonischen Beziehung des Menschen mit allen Kräften der Erde ab, mit der Sonne, dem Wasser, der Luft, der Nahrung, dem Menschen, der Erde und der Freude. Der einzelne soll sich die Bedeutung von guter Gesundheit für sein eigenes Wohl und für das Wohl anderer vor Augen halten; und er soll alle Wege üben, die seine Gesundheit am Denken, Fühlen und Handeln verbessern.

8. FREUDE ist des Menschen Recht, und so soll er alle täglichen Handlungen mit einem tiefen Gefühl der Freude begehen, auf dass sie ihn durchströme und um ihn herum strahle. Der Mensch soll ihre Bedeutung für sich selbst und für andere erkennen.

Dies sind die Naturkräfte, die der Mensch erlernen, verstehen und nutzen soll.

Die folgenden acht kosmischen Kräfte sind gleichermaßen wichtig im Leben des Menschen, denn er kann nicht in vollkommener Harmonie mit den irdischen Kräften leben, bevor er nicht auch die Harmonie mit den himmlischen Kräften erlangt hat.

Die kosmischen Kräftefelder

1. KRAFT findet ihren Ausdruck beständig in den Handlungen und Taten des Menschen, die beide ein Ergebnis seines Zusammenwirkens mit allen anderen Mächten und Kräften sind, im Einklang mit dem ehernen Gesetz von Ursache und Wirkung. Der einzelne soll die Bedeutung guter Taten verstehen, und er soll wahrnehmen, dass seine Persönlichkeit, seine Situation und Umgebung im Leben das Ergebnis vergangener Taten sind; und seine Zukunft wird genauso sein, wie sie durch seine jetzigen Handlungen angelegt wird. Er ist daher stets dazu angehalten, jederzeit danach zu streben, gute Taten auszuführen, die Harmonie mit den Gesetzen der Natur und des Kosmos ausdrücken.

2. LIEBE findet ihren Ausdruck in liebevollen und freundlichen Worten gegenüber anderen, die die eigene Gesundheit und das eigene Glück sowie das der anderen beeinflussen. Tiefe Liebe gegenüber allen Wesen soll in harmonischen Gefühlen und Worten zum Ausdruck gebracht werden.

3. WEISHEIT findet Gestalt in Form von guten Gedanken, und es ist des Menschen Vorrecht, sein Wissen und Verständnis in jeder nur möglichen Art und Weise zu erweitern, so dass er nur noch gute Gedanken denkt. Er soll danach streben, in Weisheit zu wachsen, um immer mehr die kosmische Ordnung und seine eigene Aufgabe

darin zu verstehen. Allein indem der einen Grad von Weisheit erlangt, kann der einzelne lernen, nur gute Gedanken in seinem Bewusstsein zu halten, und es unterlassen, auf negative, zerstörerische Gedanken über irgendeine Person, Ort, Umstand oder Sache einzugehen.

4. Die ERHALTUNG von Werten hängt von der Kraft ab, alles zu erhalten, was nützlich und von wahrem Wert ist, ob es nun ein Baum, eine Pflanze, ein Haus, eine Beziehung zwischen Menschen oder Harmonie in jeglicher Form ist. Wenn jemand etwas zerstört oder eine gute Sache verkommen, vergeuden oder beschädigen lässt, in der materiellen wie in der geistigen Welt, so arbeitet er mit den negativen, zerstörerischen Kräften zusammen. Jede Gelegenheit muss genutzt werden, um Schaden an allem, was von Wert ist, zu vermeiden.

5. Die SCHÖPFUNG kennzeichnet die Notwendigkeit für den Menschen, seine schöpferischen Kräfte zu nutzen, denn seine Aufgabe auf diesem Planeten liegt darin, die Arbeit seines Schöpfers fortzusetzen. Er soll deshalb versuchen, etwas Eigenes und Schöpferisches zu tun, etwas Neues und Ungewöhnliches, so oft er kann, ob es nun eine Erfindung irgendeiner Art ist, eine künstlerische Arbeit, oder irgend etwas, das anderen zugute kommt.

6. Das EWIGE LEBEN hängt ab von der Aufrichtigkeit des Menschen mit sich selbst und den anderen gegenüber – in allem, was er tut, und mit allen, die er trifft. Er soll

vollkommen aufrichtig dabei sein, wenn er seine Beziehung, sein Verständnis und den Nutzen von allen Kräften der Natur und des Kosmos erforscht, und er soll jede Anstrengung unternehmen, um sich selbst aufrichtig zu erforschen, wo er gegenwärtig ist, ohne die Dinge, die er sagt oder denkt, zu rationalisieren oder zu rechtfertigen.

7. ARBEIT ist die Voraussetzung vieler anderer Werte. Das bedeutet für den einzelnen die Erfüllung der täglichen Pflichten mit Sorgfalt und Wirksamkeit. Das ist der Beitrag des einzelnen zur Gesellschaft und eine Voraussetzung für das Glück für alle. Denn wenn jemand seine Arbeit nicht sorgfältig ausführt, so müssen das andere tun. Der Mensch soll ein tiefes Gefühl der Zufriedenheit in seiner Arbeit entwickeln, so dass er der Gesellschaft all das zurückgibt, was er von ihr erhält.

8. FRIEDE soll von jedem einzelnen geschaffen und erhalten werden, in ihm und in seiner Umgebung, so dass er zum Werkzeug wird, das dabei hilft, Disharmonie, Feindschaft und Kriege zu verhindern, denn die Bedingungen der ganzen Menschheit hängen von dem Zustand ihrer Zellen ab, von den einzelnen, aus denen die Menschheit besteht. Der einzelne soll tief die Notwendigkeit für diesen inneren Frieden empfinden und alles dazu tun, um den Frieden aufzubauen und ihn zu erhalten, wo immer er sich befindet.

Derjenige, der sich entsprechend dieser sechzehn Lebenselemente erforscht, wird klar erkennen, worin seine Entwicklung verbessert werden kann und wie er noch mehr zur Entwicklung der Menschheit beitragen kann.

Indem er so handelt, wird er sich weiter auf sein letztendliches Ziel hinbewegen, das Ziel, dem die ganze Menschheit entgegenstrebt: die Vereinigung mit dem Himmlischen Vater.

Das Friedens-Evangelium der Essener
Schriften der Essener, Buch 1
Das erste Buch der Essener-Schriften offenbart, dass Jesus, der Essener, die Wirkung der Kräfte der Natur zur Heilung des Menschen kannte.
ISBN 978-3-89060-127-4

Die unbekannten Schriften der Essener
Schriften der Essener, Buch 2
Dieses bedeutende außerbiblische Evangelium der Essener-Bruderschaft enthält die esoterischen Lehren von Moses, die ursprüngliche Fassung der Bergpredigt, die Offenbarungen des Johannes und das Johannes-Evangelium in seiner Urfassung. *ISBN 978-3-89060-128-1*

Die verlorenen Schriftrollen der Essener
Schriften der Essener, Buch 3
Das dritte Buch der Essener mit seinen Meditationen, Kontemplationen, Prophezeiungen und Hymnen an die Engel, die aus der lange verborgenen, weisen Bibliothek der Essener-Bruderschaft stammen, vermitteln bedeutende Einblicke in das Wesen der geistigen Welt.
ISBN 978-3-89060-129-8

Das geheime Evangelium der Essener
Schriften der Essener, Buch 4
In diesen einzigartigen Texten aus dem geheimen Archiv des Vatikans, die Dr. Székely der Welt zugänglich gemacht hat, sprechen Jesus und andere Meister über die Geheimnisse der Engel, des Lichts, der Klänge und einer das ganze Leben währenden Gesundheit.
ISBN 978-3-89060-130-4

Die Lehren der Essener
Essener-Meditationen
Die Essener-Bruderschaft wussten ganz genau, wie sie die Kräfte der Natur und des Geistes, die sie als Engel bezeichneten, in sich aufnehmen und sich ihrer bewusst bleiben konnten. Sie verstanden es, diese Kräfte in ihre täglichen Handlungen einzubinden.
ISBN 978-3-89060-131-1

Some Books in English by EDMOND BORDEAUX SZEKELY

THE ESSENE WAY—BIOGENIC LIVING. The Essene-Biogenic Encyclopedia.	US $8.80
THE ESSENE WAY—BIOGENIC LIVING. Hard-Cover Limited Edition.	15.00
THE ESSENE GOSPEL OF PEACE, BOOK ONE. 1 Million Copies, 26 Languages.	1.00
ESSENE GOSPEL OF PEACE, BOOK 2: The Unknown Books of the Essenes.	7.50
ESSENE GOSPEL OF PEACE, BOOK 3: Lost Scrolls of the Essene Brotherhood.	7.50
ESSENE GOSPEL OF PEACE, BOOK 4: The Teachings of the Elect.	5.95
DISCOVERY OF THE ESSENE GOSPEL OF PEACE. The Essenes & the Vatican.	5.95
THE ESSENE BOOK OF ASHA: JOURNEY TO THE COSMIC OCEAN.	7.50
SEARCH FOR THE AGELESS, I: My Unusual Adventures on Five Continents.	7.80
SEARCH FOR THE AGELESS, II: The Great Experiment.	8.80
SEARCH FOR THE AGELESS, III: The Chemistry of Youth.	7.50
THE TENDER TOUCH: BIOGENIC FULFILLMENT.	5.50
THE BIOGENIC REVOLUTION. The 1977 International Essene-Biogenic Seminar.	9.50
THE FIRST ESSENE. Dr. Szekely's Last, Unforgettable Seminar (1979).	9.50
BIOGENIC REDUCING: THE WONDER WEEK.	4.50
THE ESSENE BOOK OF CREATION. Light on the Mystery of Mysteries.	4.50
THE ORIGIN OF LIFE. A Panoramic History of the Known and the Unknown.	7.50
TEACHINGS OF THE ESSENES FROM ENOCH TO THE DEAD SEA SCROLLS.	5.95
THE ESSENE JESUS. Revaluation of the Latest Essene Master and his Teachings.	5.95
THE ZEND AVESTA OF ZARATHUSTRA. Powerful Universal Masterpiece.	5.95
ARCHEOSOPHY, A NEW SCIENCE. The Beginning of the Beginnings.	5.95
THE ESSENE ORIGINS OF CHRISTIANITY. 100 Facts and 200 Fallacies.	8.50
THE ESSENES, BY JOSEPHUS AND HIS CONTEMPORARIES.	3.50
THE ESSENE TEACHINGS OF ZARATHUSTRA. Immortal Legend of the Wheat.	3.50
THE ESSENE SCIENCE OF LIFE. Companion Book to the Essene Gospel of Peace.	3.50
THE ESSENE CODE OF LIFE. The Natural and Cosmic Laws.	3.50
ESSENE COMMUNIONS WITH THE INFINITE. Holy Life, Sound, and Light.	4.50
THE ESSENE SCIENCE OF FASTING AND THE ART OF SOBRIETY.	3.50
COSMOTHERAPY OF THE ESSENES. Unity of Man, Nature and the Universe.	3.50
THE LIVING BUDDHA. A Comparative Study of Buddha and Yoga.	5.95
SIDDARTHA, THE PILGRIM. Dynamic Spiritual Revelation, set in Ancient India.	2.95
PILGRIM OF THE HIMALAYAS. The Discovery of Tibetan Buddhism.	3.50
TOWARD THE CONQUEST OF THE INNER COSMOS.	6.80
FATHER, GIVE US ANOTHER CHANCE. Survival Through Creative Simplicity.	6.80
THE ECOLOGICAL HEALTH GARDEN, THE BOOK OF SURVIVAL.	5.95
THE DIALECTICAL METHOD OF THINKING. Key to Solution of All Problems.	3.50
THE EVOLUTION OF HUMAN THOUGHT. 87 Great Philosophers, 38 Schools.	2.95
MAN IN THE COSMIC OCEAN. Where No One Has Ever Gone.	4.50
THE SOUL OF ANCIENT MEXICO. Hundreds of Ancient Pictographs.	7.50
THE NEW FIRE. Renewal of Life in a Precolumbian Spiritual Rhapsody.	5.95
DEATH OF THE NEW WORLD. Children of Paradise. 200 Illustrations.	5.95
ANCIENT AMERICA: PARADISE LOST. Pictorial Encyclopedia of a Lost World.	5.95
MESSENGERS FROM ANCIENT CIVILIZATIONS. Ancient Migrations.	3.50
SEXUAL HARMONY and the Art of Raising Happy, Healthy Children	3.50
LUDWIG VAN BEETHOVEN, PROMETHEUS OF THE MODERN WORLD	2.95
BOOKS, OUR ETERNAL COMPANIONS. Culture, Freedom, Tolerance.	3.50
THE FIERY CHARIOTS. The Mysterious Brotherhood of the Dead Sea.	5.95
CREATIVE WORK: KARMA YOGA. Ancient, Mystic Role of Creative Work.	3.50
THE ART OF STUDY: THE SORBONNE METHOD. The Joy of Learning.	3.50
COSMOS, MAN AND SOCIETY. Guide to Meaningful Living in Today's World.	6.80
I CAME BACK TOMORROW. 20th Century Nightmare and the Essene Dream.	3.50
BROTHER TREE. Charming Ecological Parable for Children of All Ages.	3.50
THE BOOK OF LIVING FOODS. A Gastro-Archeological Banquet.	3.50
SCIENTIFIC VEGETARIANISM. Nutritional, Economic, Spiritual Guide.	3.50
THE CONQUEST OF DEATH. Longevity Explored. The Dream of Immortality.	3.50
HEALING WATERS. Fifty European Spa Treatments at Home.	3.50
THE TREASURY OF RAW FOODS. Menus, Meals, Recipes.	3.50
BOOK OF HERBS, BOOK OF VITAMINS, BOOK OF MINERALS. Each Volume:	3.50

Write for Free Complete Descriptive Catalogue to our Forwarding Address:
I.B.S. Internacional, P.O. Box 849, Nelson, B.C., Canada V1L 6A5

Book orders must be prepaid. Check or Money Order in U.S. currency only should be made out to IBS INTERNACIONAL. Add 15% for postage & handling (minimum $2.00)